AF284363

Herstellung und Verlag : BoD- Books on Demand,
Norderstedt
ISBN 978 3752 823066 © Erich Reißig 2018

Wetterleuchten

Ein Kammerspiel
von Erich Reißig

Dank an Ania

Geschrieben ca. 2006. Leicht überarbeitet 2018
Personen und Handlung sind frei erfunden.

Der Raum ist hell, eine Art Wohn- und Arbeitszimmer, recht groß, doch auch ziemlich voll gestellt mit Couch, Sesseln, Tischen, einem Schreibtisch, einem hohen Bücherregal daneben. Große Fenster, ein offener Durchgang zur Küche, eine Tür führt in den Flur, eine andere in den Schlafraum mit angrenzendem Bad. Die Einrichtung ist konventionell, ein paar Bilder hängen an der Wand. Es soll wohnlich aussehen, nicht wie in einem Museum. Eine Frau, ein Mann, beide zwischen 40 und 50. Die Frau steht in der Küche und wartet, bis der Kaffee durch die Kaffeemaschine gelaufen ist.

FRAU:
> Die Männer sind alle Verbrecher.

MANN: *vom Nebenraum*
> Was sagst du, Elisabeth?

FRAU:
> Es regnet heute.

Der Mann kommt aus dem Nebenraum ins Zimmer, Rasierschaum im Gesicht, das Messer in der Hand.

MANN:
> Es ist keine Wolke am Himmel.

In diesem Augenblick erfolgt ein Donnerschlag, und dann hört man den Regen draußen. Der Mann geht zum Fenster, schaut.

MANN:
> Das verstehe ich nicht.

FRAU:
> Was verstehst du nicht?

MANN:
> Vorhin hat die Sonne geschienen.

FRAU:
> Das Wetter schlägt um.

MANN:
> Um halb Zehn ist die Besprechung angesetzt.

Die Frau nimmt nun die Kanne und trägt sie zum vorbereiteten Tisch. Der Mann geht ins Bad zurück. Sie schenkt Kaffee in die Tassen, schaltet dann den Fernseher ein, der auf einer Kommode steht. Ein Morgenmagazin wird gesendet. Sie drückt den Ton zurück, hält die Fernbedienung in der Hand, legt sie dann neben die Tasse auf den Tisch.

FRAU: *zum Fernsehmoderator, der Nachrichten verliest*
> Ich würde mich schämen, kaum dass die Sonne empor gekrochen, ihr so dreist ins Antlitz zu lügen.

MANN: *aus dem Bad*
> Sagst du was?

FRAU:
> Der Regen wird stärker.

MANN:
> Dabei war strahlende Sonne angesagt.

FRAU: *zum Fernseher*
> Hörst du? Sonne?
> Kein Platzregen, keine Kriege, kein
> Regierungswechsel, einfach Sonne, kugelrunde,
> knallgelbe Sonne.

Der Mann kommt nun aus dem Bad und setzt sich an den Tisch.

MANN:
> Niemand kann das Wetter hundertprozentig
> vorhersagen.

FRAU:

> Glaubst du, andere Meldungen sind genauer?

MANN:

> Was ist schon genau?

FRAU:

> Die Nachrichten auf jeden Fall nicht.

MANN:

> Ohne Fernsehen bist du ein halber Mensch.

FRAU:

> Das hättest du gerne, weil du dort arbeitest.

MANN:

> Frag die Leute.

FRAU:

> Die können mir gestohlen bleiben.
> Seit Jahren behandelt ihr sie wie Idioten.
> Nun geben sie idiotische Antworten.

MANN:

> Wir machen Programm, keine Menschen.

FRAU:

> Keiner ist vollkommen.
> *zum Fernseher zeigend*
> Eines Tages werde ich die Scheibe einschlagen.

MANN:

> Stell lieber den Ton lauter.

FRAU:

> Wozu?

MANN:

> Ich kann nichts hören.

FRAU:

> Ich begnüge mich mit dem Bild dieses schönen
> Menschen.

MANN:

> Ohne Sprache ist der Mensch kein Mensch.

FRAU:

> Verlautbarung ist keine Sprache.

MANN:

> Herbert kommt heute mit einem neuen Projekt
> vorbei.

FRAU:

> Wie lange wollt ihr seine Nazifilme eigentlich noch
> produzieren?

MANN:

> Er gehört zu unseren erfolgreichsten Autoren.

FRAU:

> Sein Vater war Redakteur beim Völkischen
> Beobachter und von ihm hat er sein Handwerk
> gelernt, hast du mir einmal gesagt.

MANN:

> Das Meiste schreibt er ja gar nicht mehr selber.

FRAU:

> Desto schlimmer.

MANN:

> Eigentlich ist er ein armer Hund.
> Er merkt gar nicht, dass die Zeit an ihm und
> seinesgleichen vorüber ging.

FRAU:

> Vorübergegangen mag sie sein, aber den Schrott von
> tausend Jahren hat sie zurückgelassen.
> Und Schrott war schon immer ein gutes Geschäft.
> Waffen und Schrott.

MANN:

> Im Grunde ist alles schon 33 vorbei gewesen.
> Spätestens nach der Olympiade.
> Ich weiß noch, wie mein Vater mir erzählte, dass sie
> Rotz und Wasser geheult haben, als dann auch noch
> Schmeling gegen einen Neger verlor.

FRAU:

> Als Deutscher musste man schon immer mächtig viel
> einstecken.
> Nach dem Vierzehnerkrieg gelang die Lüge noch.
> Nach dem Zweiten nicht.
> Zu tief saß der Schock, dass der Herrenmensch nach
> seinem stolzen Vernichtungslauf vor dem
> Untermenschen die Waffen strecken musste.

MANN:

> Es waren schreckliche Jahre.

FRAU:

> Beklemmender als alle Unmenschlichkeiten ist der
> Eindruck, dass dieses System wie angegossen passte.
> Deshalb gelangen keine Trauer, kein Verzeihen und
> kein Eintauchen in die Erinnerung.
> Der Blick in die Augen der andern fällt den meisten
> immer noch schwer.

MANN: *schaut zum Fenster*

> Sei leise, jetzt kommt der Wetterbericht.

FRAU:

> Wozu?
> Es regnet, was soll er sonst sagen?
> Irgendwann hört es auf, mehr weiß er auch nicht.

MANN: *schaut zum Fernseher zurück*

> Ein Tief in der Biskaya.
> Das hat uns gerade noch gefehlt.

FRAU:

> Der Schrei der Möwen von Biarritz lässt Europa
> erzittern und treibt dich mit dem Schirm ins Büro.

MANN: *schaut wieder zum Fenster*

> Bei dem Sturm!
> Da werde ich mich schwer tun.

FRAU:

Ich muss nicht raus in die Brühe.

MANN:

Ich bliebe auch lieber daheim.

FRAU:

Und dein Nazidichter?

Darfst du den eigentlich versetzen?

MANN:

Es wird doch sowieso alles angenommen, was er
vorschlägt.

Ich weiß gar nicht, warum er immer wieder persönlich
vorbeikommt, wenn er was Neues ausgeheckt hat.

FRAU:

Vielleicht hofft er, dass ihm endlich einmal einer die
Sachen um die Ohren haut.

MANN:

Die übrigen sind auch nicht besser.

Sie können nur weniger.

FRAU:

Damit tröstest du dich seit zwanzig Jahren, nachdem
du ihn von Schulz übernommen hast.

MANN:

Du wolltest das nie verstehen.

FRAU:

Früher trafen mich deine Worte.

Jetzt habe ich die Ansage der Uhrzeit verpasst.

MANN:

Du hast den Fernseher an, weil du die Uhrzeit
erfahren willst?

FRAU:

Ich will wissen, ob da auch irgendeine Lüge eingebaut
wird.

Eine klitzekleine wenigstens.

MANN:

Es gibt zahlreiche Zeitzonen auf der Welt.

FRAU:

Die Zeit lässt sich nicht betrügen.

Sie hat das große Schlachten überlebt.

MANN:

Fritz hat mir dieser Tage erzählt, dass er
Zeitfleckprogramme plant.

FRAU:

Flecken hat er im Hirn, das habe ich dir schon einmal
gesagt.

MANN:

Du mochtest ihn früher ganz gerne.

FRAU:

Auch Puppen mochte ich einmal.

Irgendwann in stillen Kindertagen.

MANN:

Der Zuschauer wird bald zwischen einer Realzeit und
einer fiktiven wählen können.

FRAU:

Ich höre überall von Menschen, die keine Zeit haben.

Sie klagen fortwährend über ihr Los.

MANN:

Der Gedanke ist, dass der Tag im Medium neu
geschaffen wird.

Das heißt, an einem Dienstag wird der Montag oder
der Mittwoch gesendet.

FRAU:

Gehen die Einsparungsmaßnahmen in eurem Sender
nicht ein wenig zu weit?

MANN:

Du verstehst den Witz nicht.

Wenn Montag oder Mittwoch im Fernsehen gesendet werden, dann ist für den Zuseher Montag oder Mittwoch, gleichgültig welchen Tag der Kalender zeigt.

Das Problem ist lediglich, dass die Programmmacher, zumindest partiell auch draußen einen Montag oder Mittwoch einrichten müssen.

Das heißt, der Zuseher muss am Arbeitsplatz und in seiner Freizeitwelt den entsprechenden Tag leben können, und daran haperts bisher noch.

Zwar kann man die Computer schalten wie gewünscht, das ist kein Problem, aber die Umgebung gestalten, erweist sich als schwierig.

Doch er arbeitet dran.

Es wird, du wirst sehen.

FRAU:

Und was ist der Gag an diesem genialen Plan?

MANN:

Der Einzelne soll sich in einer Zeit verwirklichen, die er selber bestimmt.

Die Fessel der Zeit abstreifen.

Das bedeutet Freiheit.

Lebe deinen eigenen Traum in eigener Wirklichkeit und eigener Zeit.

Bisher sind nur Tage ins Auge gefasst, aber es lässt sich auch vorstellen, dass man ganze Epochen wählen kann.

Es ist eine Frage des Aufwandes.

Möglich ist alles.

Name it, we have it, wie die Amerikaner sagen.

FRAU:

Der amerikanische Adler ist lange schon flügellahm.

Bloß weil das Leben anderswo noch elender ist,
behielt das Land seine Anziehungskraft für jene, die in
ihren Heimatländern bei ihrer Suche nach
Lebensglück gescheitert sind.

Du glaubst an deine Kollegen, ich merke das.

MANN:

Was ich glaube oder nicht, ist uninteressant.

Ob er sich mit seinen Vorstellungen durchsetzen kann
zählt.

FRAU:

Aber es ist doch hirnrissig die gesamte Welt zu
verändern, bloß weil ein Irrer am Mittwoch leben will
anstelle am Montag.

MANN:

Das hat Fritz inzwischen wohl auch eingesehen,
deshalb hat er einen neuen Plan ins Auge gefasst und
will spezielle Zeitflecken einrichten.

Große von der Umwelt isolierte Areale, in denen
Interessierte permanent leben können, die sich auch
weiterentwickeln.

FRAU:

Saß er nicht mal anderthalb Jahre wegen Steuerbetrug
im Gefängnis?

Haben ihn die Erfahrungen dort auf diese tolle Idee
gebracht?

MANN:

Mag sein.

Aber überleg mal; überall auf der Welt finden
Historienspiele statt, bei denen bestimmte Ereignisse
von den Einheimischen dargestellt werden, und wo
immer du hinschaust, findest du Menschen, die am
Wochenende als Indianer oder Steinzeitmenschen
herumlaufen.

Und Dschungelcamp oder ähnliche Programme sind
sehr erfolgreich.
Warum nicht all dieses miteinander verbinden und
weiterentwickeln zu ständigen Einrichtungen?

FRAU:

Eben, warum nicht?

*Die Frau schaut ihn aufgebracht an. Der Mann fährt ungerührt
fort.*

MANN:

Zwei Projekte sind über die Planungen hinaus.
Einmal eine Westernstadt, in der eine Bande von
Gesetzlosen sich breit gemacht hat, für die im Laufe
der Zeit Wyatt-Earp-Typen angeworben werden
sollen, damit Recht und Ordnung Einzug halten.
Zum anderen eine Ritterburg, in der die Tage der
Kreuzzüge und Minnesänger wiederaufleben können.

FRAU:

Ich habe mal gelesen, das Leben auf den Burgen war
recht unhygienisch.
Stell dir mal vor: aus allen Luken und Fenstern
tropfen Fäkalien die Mauer herab.
Das hält niemand aus bei dem heutigen
Reinlichkeitswahn.

Der Mann grinst, winkt ab.

MANN:

Schmutz und auch Armut wirken im Bild romantisch.
Kameras lügen.

Die Frau zeigt zum Fernseher.

FRAU:

Das versuche ich dir die ganze Zeit klar zu machen.

MANN:

Wie auch immer.

Auf jeden Fall hat er die Projekte durch die
Kommission gebracht und die Vorbereitungen laufen.
Irgendwie ist diese Entwicklung konsequent.

FRAU:

Finde ich auch.

MANN:

Als sein Vater den Einfall mit den stationären
Kameras hatte, hielt den am Anfang auch jeder für
übergeschnappt.

FRAU:

War er doch auch.

MANN:

Er hat die Entwicklung angestoßen.

Inzwischen arbeiten die fast alle Produktionen mit
Bildern von diesen Kameras.

Kein Mensch hätte damals gedacht, dass in den
unscheinbaren Dingern die Revolution des Fernsehens
liegen könnte.

Keiner!

Mit dem freien Zugriff können jetzt alle auf ihrem
Computer eigene Filme erstellen und auf den Markt
bringen.

Jeder hat Millionen von Aufnahmen,
Geschichtenfragmente und komplette Geschichten für
seinen höchstpersönlichen Film zur Verfügung.

Das ist die Demokratie, die von Anfang an im
Medium verborgen lag, aber erst jetzt verwirklicht
werden kann.

Der Günther hat sich die Idee patentieren lassen und
nach dem Verkauf sich eine goldene Nase verdient.
Irgendwie ist sein Junge nun nur konsequent.
Was ich und die paar Alten machen, das ist
Steinzeitfernsehen für Dinos, mehr nicht.

FRAU:

Desto bemerkenswerter, dass ausgerechnet dein
Nazischreiber übriggeblieben ist.
Gibt das dir nicht zu denken?

MANN:

Es gibt noch ein paar andere Autoren.

FRAU:

Ich kann sie an einer Hand abzählen.

MANN:

Was willst du?
Die Welt hat sich verändert, das Medium hat sich
verändert, die Menschen haben sich verändert.
So ist das nun einmal.

FRAU:

Das Fernsehen ist der freiwillige Verzicht der
menschlichen Rasse auf Intelligenz und
Fortentwicklung.

MANN:

Der Mensch verwandelt sich stets, erfindet sich neu
und kommt nach jedem Rückschlag wieder auf die
Beine.
Das lehrt die Geschichte.

FRAU:

Seitdem überall Kameras stehen, die jederzeit von
jedem angesteuert werden können, ist die Welt ohne
Geheimnis und ohne Scham.

Du kannst sehen, was vor dem Haus geschieht, die
Straße runter, drüben am anderen Ende der Stadt,
draußen auf dem Land.

Kein Ort bleibt dir verborgen.

MANN:

Ein alter Menschheitstraum.

FRAU:

Man achtet den anderen nicht mehr.

In alle verborgenen Winkel möchten diese
unersättlichen Augen spähen.

MANN:

Was willst du?

Es ist jedem freigestellt, ob er Kameras in seinen
Privaträumen installieren lässt oder nicht.

Wir haben keine Kamera in der Wohnung und keinen
Zugang zum Datenhighway.

FRAU:

Und werden zu Aussätzigen gemacht.

Inzwischen haben zwei Drittel der Leute installieren
lassen.

MANN:

Keineswegs, noch nicht einmal 30 Prozent weltweit.

Bei uns hier liegt die Rate unter 20.

Es gibt allerdings Gegenden, da sind die Anschlüsse
hoch.

FRAU:

Und sie steigen.

Müssen steigen, wenn die Rechnung aufgehen soll.

MANN:

Den Anfang bildete die Vernetzung von Wirtschaft,
Wissenschaft und Medien.

Erst dann folgte der private Sektor.

> Wie dort, wird auch dieser bald seinen Aufschwung
> erleben.

FRAU:

> Der Durstige steht vor dem unendlichen Weltenmeer,
> wo Walfische spielen und prunkvolle Yachten kreuzen
> und verdurstet, weil er Verstand und Hände nicht
> mehr zu nutzen weiß.

MANN:

> Die rassischen, religiösen und nationalen Grenzen
> werden endgültig überwunden.
> Jene zwischen arm und reich.
> Jeder kann das Angebot Gewinn bringend nutzen.

FRAU:

> Nur Toren glauben, wenn ihnen alles zur Verfügung
> steht, sei es ihr Besitz.
> Allein das gehört dem Menschen wirklich, was er
> durch Schweiß und Tränen erworben hat und
> festzuhalten vermag.

MANN:

> Alle können VISION nutzen, und sie können auch
> Geld damit verdienen.

FRAU:

> Geld! Das ich nicht lache!

MANN:

> Was willst du?
> Jede Minute, die von deinen Kameras und deiner
> Anlage von einem anderen genutzt oder ins allgemeine
> Programm übernommen wird, bringt ein paar
> Punkte.
> Das rechnet sich.

FRAU:

> Rechnet sich?!
> Früher dienten solche Kameras der Überwachung.

Daran hat sich nichts geändert.

Jetzt wird Spitzelei als Gesellschaftsspiel betrieben.

MANN:

Überwacht bist du, wenn nur bestimmte Leute
Zugang zu den Informationen haben.

Wenn ihn jeder hat, wie soll da Überwachung
funktionieren?

FRAU:

Wie sie immer funktioniert hat, funktioniert
Überwachung.

Vertrauen ist gut, Kontrolle ist besser.

MANN:

Überleg doch mal, du kannst jederzeit rückfragen und
dein Kameraprofil ausrechnen lassen, wenn etwas dir
komisch vorkommt.

Da kann nicht einfach irgendjemand dich beobachten
ohne dass du davon weißt.

Der Zentralcomputer gibt Auskunft.

FRAU:

Das ist schön.

Und du vertraust darauf, dass er vollständige Auskunft
gibt.

MANN:

Selbstverständlich.

So steht es in den Statuten.

FRAU:

Bürger wie dich braucht der Staat.

Mein ahnungsloser Engel.

MANN:

Wenn früher auf einem Platz tausend Leute
versammelt waren, war es unmöglich, dass tausend
tausende im Auge behalten konnten, und jene, die

sich speziell für andere interessierten, fielen entweder
auf oder auch nicht.
Jetzt fallen sie auf jeden Fall auf, weil du sofort
Meldung kriegst, wenn einer sich zu intensiv für dich
interessiert.
Meistens wirst du nach Minuten den Grund erfahren
und kannst reagieren.
Anonyme Überwachung gibt es nicht mehr.
Das haben Gesetze und Technik unmöglich gemacht.

FRAU:

Du glaubst tatsächlich daran.

MANN:

Ich fürchte mich nicht.

FRAU:

Nur Narren sind furchtlos.

Sie schaut ihn provozierend an, dann weicher

FRAU:

Als ich dich kennen lernte, liebte ich das an dir.
Weil ich nicht verstehen konnte, wie jemand, der
sonst ganz helle ist, so gutgläubig sein kann.
Vielleicht liebe ich das immer noch.

Der Mann trinkt seinen Kaffee, überlegt.

MANN:

Im Rahmen unserer Möglichkeiten haben wir uns
ganz gut gehalten.
Manchmal liegen wir noch beisammen.
Das ist viel.

FRAU:

Auch andere legen sich hin.

MANN:

> Unsere Krisen haben wir gemeinsam bewältigt.
> Ich kenne elendere Ergebnisse.

FRAU:

> Wir sind älter geworden.
> Quält dich nicht manchmal dein Versagen?

MANN:

> Das Wort lähmt.
> Man muss auch mit Worten vorsichtig umgehen,
> nicht bloß mit Taten.
> Am Anfang war das Wort, heißt es.

FRAU:

> Das sagst du?

MANN:

> Es gibt noch ein paar Menschen, die davon wissen.

FRAU:

> Renate hat angerufen.

MANN:

> Renate?

FRAU:

> Sie wollte dich sprechen.
> Es geht ihr nicht gut.
> Mitten im Reden rülpste sie, entschuldigte sich und
> sagte, sie habe ein Glas Bier zu viel zum Mittagessen
> getrunken.
> Jedes zweite Wort von ihr war Niedertracht.

MANN:

> Ich habe sie gewarnt, den Schmeichlern zu trauen.

FRAU:

> Jeder hört gerne, dass seine Arbeit gefällt.

MANN:

Zuerst loben sie dich in den Himmel, dann treten sie
dich in den Staub, lassen dich liegen und klatschen
neuen Idolen zu.

Das hat man zu wissen, wenn man sich aufs Parkett
begibt.

Das Leben beginnt mit einem Schrei.

Es ist ein fortdauernder Schrei.

FRAU:

Das Schweigen und die Stille sind die Regel.

Zum Schreien rafft sich keiner mehr auf.

Die Menschen haben vergessen, dass sie für ihr Recht
kämpfen müssen.

MANN:

Das sagst du, die jedem Streit aus dem Wege geht?

FRAU:

Ich verabscheue den Kampf, aber noch ekelhafter ist
dieses unerträgliche Beschwören von Harmonie, das
doch nur Feigheit bedeutet.

MANN:

Harmonie?

Ein Tollhaus steht mir vor Augen.

FRAU:

Ich erinnere mich an eine Zeit, in der die meisten
noch wussten, was das ist: Unrecht, Hass, Liebe,
Krieg.

Inzwischen tötet, foltert und quält man einander und
weiß alles zu rechtfertigen, zu deuten, zu erklären.

Opfern wird nicht geholfen, sondern es wird ihnen ihr
Schicksal erläutert.

Nicht der Tat, der Erklärung allein wird
Aufmerksamkeit gezollt.

Erbarmungsloser handelte der Mensch noch nie,
seitdem er es unternahm sich diesen Planeten untertan
zu machen, und jeder wähnt sich im Recht.
Nachdem diese tollwütigen Greise zum Golfkrieg
gehetzt haben, ist alles wohlfeil geworden.
Und kaum noch ein Mensch, der die allgemeine
Zufriedenheit in Frage zu stellen wagt.

MANN:

Du siehst den Menschen nicht, weil du seine Rolle
nicht akzeptieren willst.

FRAU:

Ich sehe ihn überall, laut, aufdringlich, rücksichtslos,
vergnügungssüchtig, habgierig mit leerem Gesicht.
Erledigt wie Akten in Ablagen erledigt sind, die in
metallenen Schränken verstauben, bis sie Altpapier
werden.

MANN:

Du redest bitter.

FRAU:

Manchmal wünsche ich, dass jemand einmal einhalten
möge.
Weil er ratlos ist, oder weil er zugeben will, dass er
nicht alles zu wissen begehrt.

MANN:

Du malst gute Bilder, die du immer wieder übermalst,
so dass seit Jahren stets nur ein Bild von dir existiert.

FRAU:

Alle malen nur ein Bild.
Ihr Angesicht.

MANN:

Renate wollte sich auch genügen in ihrer Kunst.

FRAU:

Renate sucht ihren Platz in der Welt wie jeder es tut.

MANN:

    Du zerstörst viel, auch dich.

FRAU:

    Du verschwindest in dein Büro.

    Ich harre in der Wohnung aus.

MANN:

    Du kennst meinen Tagesablauf.

    Ich glaube nicht, dass du mich darum beneidest.

    Er ist bescheidener, als du ihn dir vorstellen kannst.

    Die paar Produktionen, die ich auf den Weg bringen

    konnte, geben ein wenig Kraft, doch gehen sie unter

    im Meer leerer Arbeitstage.

FRAU:

    Manchmal möchte ich mit den Berichten etwas

    anfangen, die du mir abends abliefern willst.

MANN:

    Du misst ihnen mehr Bedeutung bei, als ich es kann.

FRAU:

    Du bist denkfaul geworden.

MANN:

    Weil mich manches nur amüsiert?

FRAU:

    Überheblichkeit habe ich bei dir nie vermutet.

    Es muss etwas anderes sein.

    Dich amüsiert, dass wir uns selbst aufgegeben haben.

MANN:

    Wir?!

FRAU:

    Wenn sich alle unterwerfen, dürfen wir nicht abseits

    stehen?

MANN:

    Ich versuche dir zu erklären, dass nur wenige so

    empfinden wie wir.

FRAU:

Ist es deshalb falsch?
Und du, was empfindest du?
Wer bin ich für dich noch?
Eine von vielen?

MANN:

Ich kehre hierher zurück.

FRAU:

Du vertraust, dass ich auf dich warte.

MANN:

Ebenso wie du mir vertrauen kannst.

FRAU:

Papageno muss tanzen.

MANN:

Ich wäre erschrocken gingest du von mir fort.

FRAU:

Ist das deine Angst?

MANN:

Ich weiß, dass ich nicht fortgehen will.

FRAU:

Du machst es mir verdammt schwer.

MANN:

Ja.

Er trinkt seine Tasse leer und steht entschlossen auf.

MANN:

Also, ich mache mich jetzt auf den Weg.
Er schaut zum Fenster.
Der Regen hat nachgelassen.
Trüb ist es noch.

FRAU:

Kommst du wie üblich heim?

Er schaut sie prüfend an.

MANN:

Sicher.

FRAU:

Dann bin ich wie üblich da.

Der Mann geht zu ihr hin, sie umarmen einander, küssen sich.

MANN:

Hör auf, ja!?

FRAU:

Du Mistkerl, lauf schon zu deinem Nazidichter.

MANN:

Er ist mir zugefallen, wie du weißt.

Aber ich will einräumen, ich fühle ein wenig
Besitzerstolz.

*Der Mann geht aus dem Raum. Die Frau setzt sich ein paar
Augenblicke noch hin, gedankenverloren, dann macht sie sich
daran, das Geschirr auf ein Tablett zu räumen und die Sachen
in die Küche zu tragen. Der Mann kommt in die Wohnung
zurück. Sie dreht sich überrascht zur Tür.*

FRAU:

Nanu, du willst doch nicht etwa sagen, dass du etwas
vergessen hast?

Der Mann wirkt verwirrt, verärgert auch.

MANN:

> Ich habe noch nie etwas vergessen, und wenn, dann
> wäre es nicht so wichtig gewesen, dass ich es auch am
> nächsten Tag hätte mitnehmen können.

FRAU:

> Dann steht die Straße unter Wasser.
>
> Oder bist du etwa meinetwegen umgekehrt, weil du
> einmal bleiben willst, wochentags?

MANN:

> Ich...

FRAU:

> Für einen lebenslang Angestellten entwickelst du
> befremdliche Gelüste.

Er schaut sie verwirrt an.

MANN:

> Der Fahrstuhl funktioniert nicht.

FRAU:

> Der Fahrstuhl?

MANN:

> Ich bin eingestiegen, das Ding ist abgesackt.
> Ich dachte, jetzt ist es soweit.
> Dann fing sich die Kiste im Erdgeschoß, aber die Tür
> ging nicht auf.
> Ich konnte machen, was ich wollte, ich hing fest.
> Als ich dann wieder nach oben drückte, setzte er sich
> ohne Probleme in Bewegung, da ging dann auch die
> verdammte Tür auf.
> Hier bin ich nun.

FRAU:

> Das sehe ich.
> Und was jetzt?

MANN:

Ein Alptraum war das.

FRAU:

Alpträume sind in einem Mietshaus an der
Tagesordnung.

MANN:

Diese Dinger haben zu funktionieren.
Mehr verlange ich nicht.

FRAU:

Mal geht er, mal geht er nicht.
Was bestürzt dich daran?
Es ist eine Maschine.
Lauf los, ich verständige den Hausmeister.
Die Treppe runter wirst du schon schaffen.
Bis zum Abend haben sie ihn dann soweit und er wird
wieder eine Zeitlang seine Pflicht erfüllen.
Brot und Salz braucht der Mensch und
funktionierende Fahrstühle, wenn es sein muss, aber
kein VISION, kein Internet und keinen
Datenhighway oder Zeitfleckprogramme und was
weiß ich.

MANN:

Ich bin fast abgesackt, weißt du, wie tief der Schacht
ist?

FRAU:

Bist ja noch einmal davongekommen.

MANN:

Aber wie!
Hast du den Schlüssel?

FRAU:

Welchen Schlüssel?

MANN:

Die Tür zum Treppenhaus ist abgeschlossen.

FRAU:

 Sie ist immer offen.

MANN:

 Wenn ich es sage.

FRAU:

 Du wirst in deiner Aufregung nicht richtig gedrückt
haben.

 Sie geht nach außen auf.

 Hast du gezogen?

MANN:

 Ich habe gedrückt und gezogen.

 Herrgott noch mal, warum glaubst du mir nicht?

 Die Tür lässt sich nicht öffnen.

FRAU:

 Ich habe keinen Schlüssel.

 Ich habe noch nie einen gebraucht.

MANN:

 Aber wir müssen doch einen Schlüssel haben.

FRAU:

 Vielleicht haben wir einen, aber ich habe keinen.

*Sie geht hinaus, der Mann folgt ihr, bleibt aber im Eingang
stehen, so dass er noch sichtbar ist. Man hört, wie die Frau an der
Klinke rüttelt etc.*

MANN:

 Glaubst du mir nun?

FRAU:

 Ich bekomme sie nicht auf.

MANN:

 Sie ist zu.

 Sag ich doch.

FRAU:

>Die Tür muss jemand abgeschlossen haben.

MANN:

>Du traust mir offensichtlich nicht einmal mehr zu
>eine Tür aufzumachen.

FRAU:

>Das gibt es doch nicht.

MANN:

>Du siehst doch, dass es das gibt.

FRAU:

>Und der Fahrstuhl geht wirklich nicht?

MANN:

>Ich setzte keinen Schritt mehr in die Kiste.

FRAU:

>Soll ich?

MANN:

>Wenn du dir den Hals brechen willst.

Er dreht sich von der Tür weg und geht zum Telefon.

MANN:

>Ich verständige den Hausmeister.

Die Frau kommt nun auch in die Wohnung zurück.

FRAU:

>Aber du bist doch in Eile, ich denke, du hast den
>Termin um zehn.

MANN:

>Was soll ich denn machen?
>Ich kann nicht fliegen.
>Er muss eben einmal auf mich warten.

In den ganzen zwanzig Jahren bin ich kein einziges
Mal zu spät gekommen, dann wird auch heute die
Welt nicht untergehen.

FRAU:

Auf Pünktlichkeit legt er großen Wert.

MANN:

Nicht nur auf Pünktlichkeit.

FRAU:

Ich weiß, er hat seine Prinzipien, bloß keine
brauchbaren.

MANN:

Manchmal denk ich mir, dass er deswegen so steinalt
geworden ist.

FRAU:

Er ist so alt geworden, weil er so verbohrt ist, und
nichts zur Kenntnis nimmt.
Nicht einmal die Zeit.

MANN:

Das auch.
Er hält den Hörer, blättert im Telefonbuch.
Wo hast du denn die Nummer?
Wie heißt der eigentlich?

FRAU:

Manz.
Alle Hausmeister heißen Manz, wenn nicht so, dann
Müller oder Schulz.

MANN:

Du bist nicht aus der Ruhe zu bringen.

FRAU:

Doch, aber nicht durch einen kaputten Fahrstuhl.
Der ist nicht so bedrohlich, wie ein kaputtes
Atomkraftwerk und davon haben wir einige.

Aber wenn die noch nicht einmal Fahrstühle bauen
können, die problemlos auf- und abfahren können,
wie sollen sie denn dann Atomkraftwerke bauen
können.

Ich erwarte das auch gar nicht.

Ich erwarte nur, mir meine Bedenken zu erlauben.

MANN:

Die werden entsprechend kontrolliert und gewartet.

FRAU:

Das kannst du auf dem Schild im Fahrstuhl auch
lesen.

Das widerlegt meine Worte nicht.

Dämpft auch nicht mein Unbehagen.

*Der Mann hat inzwischen die Nummer gefunden, er wählt und
wartet ungeduldig.*

MANN:

Nun komm schon endlich!

Es meldet sich offensichtlich jemand..

MANN:

Frau Manz?

Ist Ihr Mann zu sprechen?...

Er wartet.

Hier ist 712.

Hören Sie, wir haben ein kleines Problem, der
Fahrstuhl funktioniert nicht....

Die Tür geht nicht auf...

Nein, unten im Erdgeschoß....

Woher ich das weiß?

Hören Sie mal, ich bin runtergefahren und konnte die
Tür nicht öffnen...
Selbstverständlich geht sie bei mir auf, wie hätte ich
sonst runterfahren können.....
Aber unten klemmt sie eben, oder ist blockiert, was
weiß ich....
Woher soll ich wissen, was Sie da machen sollen?
Reparieren höchstwahrscheinlich....
Außerdem ist er abgesackt...
Wo ich jetzt bin?
In meiner Wohnung selbstverständlich....

*Er schaut zu der Frau und macht ein Zeichen, was er von den
Fragen des Hausmeisters und ihm selber hält. Die Frau steht
währenddessen noch im Eingang zur Wohnung.*

MANN:

Natürlich bin ich wieder raufgefahren, sonst, wäre ich
ja nicht hier...
Nein, da ist er nicht abgesackt, sondern
hochgefahren...
Ja, da ging dann die Tür auf.....
Sie werden doch von mir nicht erwarten, dass ich in
jedem Stockwerk probiere, ob sich die Tür öffnen
lässt...
Hören Sie, ich will von Ihnen nicht wissen, dass dies
merkwürdig ist, sondern ich möchte mit dem
Fahrstuhl nach unten fahren...
Ja, das weiß ich doch nicht....
Natürlich kann ich auch die Treppe runterlaufen, aber
die Tür ist abgeschlossen....
Die Fahrstuhltür geht auf, die Tür zur Treppe nicht.
Die ist abgeschlossen.

Jawohl..

Ich kann nicht aufschließen, weil ich keinen Schlüssel
habe...

Kann sein, dass ich einen bekommen habe, aber ich
habe keinen.

Vielleicht sind Sie so freundlich und öffnen die Tür,
soviel ich weiß ist sie sonst nicht abgeschlossen....

Es ist mir egal, wer sie abgeschlossen hat, ich nicht,
weil ich sie ohne Schlüssel nicht abschließen kann.

Das interessiert mich auch nicht, ich möchte, dass sie
geöffnet wird...

Ja, dass der Fahrstuhl repariert wird, möchte ich
auch....

Sie müssen doch einen Generalschlüssel haben?

Mir ist es schnurzpiepe, ob sie den nur im Notfall
benutzen dürfen, für mich ist das ein Notfall....

Nein ich kann nicht warten....

Herr Manz, so reden Sie nicht mit mir.....

Sie sind unser Angestellter....

Sie glauben doch nicht, dass ich erst einen Beschluss
der Hausversammlung erwirke....

Telefonisch, telefonisch, ich will nicht telefonieren,
ich will zur Arbeit gehen.....

Ja, ich übernehme die volle Verantwortung, und.....

Was heißt schriftlich?

Sie sollen jetzt kein Formular suchen, sondern zu mir
nach oben kommen und diese verdammte Tür
aufmachen.....

Ja selbstverständlich sollen Sie sofort kommen....

Nein, wegen des Fahrstuhls können Sie nachher
telefonieren....

Jetzt auf der Stelle....

Gut, ich warte, ich weiß, wie viel Stockwerke es sind.

Der Mann knallt den Hörer auf die Gabel.

MANN:

>   Wo haben wir den Idioten bloß aufgegabelt?
>   Ich hätte Lust, ihm solch eine zu kleben, dass er die
>   Treppe wieder runterfliegt.
>   Dieser Mensch ist eine Zumutung.

*Die Frau, die solange an der Tür gewartet hat, geht in den Raum
und räumt die restlichen Sachen vom Frühstück in die Küche.*

FRAU:

>   Vielleicht rufst du auch im Sender an.

MANN:

>   Wenn er so läuft, wie er denkt, sollte ich vielleicht den
>   Termin auf morgen verschieben.
>   *Sie schaut zum Fenster.*
>   Es regnet wieder.

MANN:

>   Warum auch nicht.
>   *Er wählt erneut.*
>   Nun mach schon!
>   *Er schwenkt ungeduldig den Hörer hin und her, schüttelt
>   ihn dann.*
>   Was ist denn nun wieder?
>   *Er drückt die Gabel und wählt langsam noch einmal.*
>   Das ist doch zum Aus-der-Haut-fahren.
>   Offensichtlich ist keiner im Büro.
>   *Er horcht, drückt dann die Gabel erneut, wählt
>   wiederum, horcht.*
>   Sag mal, das Telefon hat auch eine Macke?

Die Frau kommt mit dem Wischlappen aus der Küche.

FRAU:

Was sagst du?

MANN:

Ich höre kein Signal.

Hat das Telefon auch eine Macke frag ich?

FRAU:

Das wundert mich nicht.

MANN: *aggressiv*

Was wundert dich nicht?

FRAU:

Dass das Telefon kaputtgeht, wenn du es so traktierst.

MANN:

Wer traktiert das Telefon?

FRAU:

Na du.

Wahrscheinlich hast du die Gabel zu kräftig
niedergedrückt.

Die ist aus Plastik.

Plastik altert zwar nicht, geht aber kaputt, wenn man
es nicht fürsorglich behandelt.

Aber dafür behält es sein prächtiges Aussehen selbst
wenn es nutzlos ist.

Das ist der Fortschritt, den du so preist.

*Der Mann drückt die Gabel noch einmal nachdrücklich langsam,
hält den Hörer ans Ohr.*

MANN:

Ich höre gar nichts, kein Freizeichen, nichts.

FRAU:

Dann kannst du auch nicht telefonieren.

MANN:

>Ich weiß, dass ich nicht telefonieren kann, wenn ich kein Freizeichen höre.
>
>Aber warum habe ich keines?
>
>Beim Hausmeister hat das Ding doch noch funktioniert.

FRAU:

>Ich weiß es auch nicht.
>
>Es hat eben erst danach seinen Geist aufgegeben.

MANN:

>Das könnte sein.
>
>Aber warum?
>
>Es kann doch nicht ausgerechnet jetzt kaputtgehen.

FRAU:

>Wieso nicht?
>
>Es kann immer kaputtgehen.

MANN:

>Du glaubst, ich habe es kaputtgemacht, wie ich den Fahrstuhl kaputtgemacht habe und die Tür verschlossen?
>
>Das meinst du doch?

FRAU:

>Jetzt beruhige dich!
>
>Soll ich noch einen Kaffee holen?
>
>Es dauert sicherlich noch bis sich alles klärt.

MANN:

>Ich hab ihm gesagt, er soll sich beeilen.

FRAU:

>Setz dich hin!
>
>Ich bringe uns noch eine Tasse.

Der Mann legt den Hörer ab, greift ihn dann aber doch noch einmal und hält ihn ans Ohr. Schüttelt den Kopf und knallt den

Hörer auf die Gabel. Er geht wütend zum Sessel. Die Frau
kommt mit dem Tablett zurück, sie stellt die Tassen ab und setzt
sich gleichfalls.

MANN:

    Wieso ist der Kaffee schon fertig?

FRAU:

    Ich setz immer noch mal Kaffee auf, den trinke ich
    sonst in der Küche, wenn du gegangen bist.
    Ich schaue dabei aus dem Fenster.

MANN:

    Du hast geheime Laster.

FRAU:

    Ich erfreue mich an der Welt, die ohne mich
    auskommen kann.

MANN:

    Manchmal denke ich...

Bevor er weiterreden kann, streicht sie ihm mit der Hand über
seine Hand.

FRAU:

    Mach dir keine Sorgen!
    Manche Tage haben einen eigentümlichen Beginn,
    aber dann entwickeln sie sich noch ganz brav.

MANN:

    Ich bin einfach nervös.
    Du hast ja Recht, aber ich muss das mit Herbert
    durchhalten.
    Es gibt kaum noch andere, die herkömmliche Sachen
    schreiben wollen und können.

FRAU:

    Ich sag doch, allein dein Nazi ist dir geblieben.

MANN:

Wenn ich nicht wüsste, wie du das meinst, dann würde ich..

FRAU:

Ich meine es, wie ich es sage.

MANN:

Nachdem die stationären Kameras aufgebaut und eingesetzt wurden, hat sich eben alles grundlegend geändert.

Die Jungen arbeiten heute anders.

Diese gewaltigen Veränderungen konnte keiner vorhersehen.

FRAU:

Du redest wie ein Politiker.

Die sehen nichts, hören nichts und tun nichts.

Aber sie plappern über alles.

MANN:

Weißt du noch, wie wir darüber gespottet haben, als auf einmal vor den Webcams die ersten Schauspieler auftauchten.

Kein Mensch hätte denken können, dass so etwas einmal das Programm revolutionieren würde.

Die Verantwortlichen bei uns haben sich doch schief gelacht.

Computer und Internet, klar, damit hat man gerechnet, aber doch nicht mit diesen kümmerlichen Kameras an den Straßenecken.

An die hat niemand gedacht.

Dabei musste man wirklich nur darauf kommen.

FRAU:

Es ist ja einer draufgekommen.

Du siehst also, der Irrsinn hat Methode.

MANN:

> Die ersten Spieler nannten alle verrückt.
>
> Es dauerte seine Zeit, bis sie als Phänomen erkannt
> wurden.
>
> Auf einmal vollzog sich die Entwicklung ganz rasant
> und war nicht mehr aufzuhalten.
>
> Bald gab es spezielle Installationen, Theaterspiel, Tanz
> Musik vor diesen Kameras.
>
> Auf allen Plätzen.

FRAU:

> Bis heute verstehe ich nicht, wie das eigentlich
> geschehen konnte, und wie rasch alles ging.

MANN:

> Nachdem auch die ersten Produzenten die
> Möglichkeiten der stationären Kameras erkannt
> hatten und deren Bilder in ihre Filme einschnitten,
> war VISION geboren.
>
> Der Schlüssel war der Computer.
>
> Der suchte die passenden Szenen aus, passte sie ein,
> veränderte die Gesichter, so dass du eine Person in
> einen vollständigen Ablauf einbauen konntest.
>
> Und als man auch die Aufnahmen der meisten
> Überwachungskameras freigab und bald Menschen in
> ihren Wohnungen Kameras anbrachten und jeder sich
> draufschalten konnte, war VISION nicht mehr
> aufzuhalten.
>
> Mit den neuen hochauflösenden Kameras lassen sich
> alle Ausschnitte herstellen, der Rechner verändert
> sogar die Kameraposition.
>
> Das Grundmaterial für alle Abläufe, wie inzwischen
> die Filme heißen, hat seitdem so zugenommen, dass
> praktisch jede nur denkbare Geschichte rasch und
> kostengünstig hergestellt werden kann.

Und ich sage dir, selbst wir verwenden inzwischen
Passagen von den Webcams.
Manche Produktionsfirmen arbeiten ausschließlich
damit.
In Verbindung mit den ersten Schauspielgruppen, die
vor den Kameras agierten, ihren damals noch Stücken,
die inzwischen längst zu Action- oder
Emotionsfragmenten zusammengezogen wurden, sind
der Phantasie keine Grenzen mehr gesetzt.
Nicht nur die Künstler und Programmleute,
inzwischen kann jeder sich dieser Fragmente
bedienen.
Selbst bei Herberts Geschichten verwenden wir
dergleichen Material.
VISION hat nicht nur das Fernsehen, es hat das
Leben auf unserem Planeten verändert.

FRAU:

Warum nicht gleich den Kosmos?

MANN:

Was soll's, jeder kann jetzt spielen, kann Programm
übernehmen, selber welches produzieren, verkaufen
und einkaufen.
Seitdem die Personalvisiongeräte auf dem Markt sind,
ist eine gerechte Verrechnung möglich.
Rechne dir dein eigenes Spiel aus und biete es an.
Wird es gekauft, dann musst du zwar höhere
Lizenzgebühren zahlen, erhältst aber auch mehr
Honorar.
Angesichts solcher Entwicklung, ist es doch eigentlich
ganz unsinnig, weiterhin herkömmlich zu
produzieren, die Leute in ein Set zu pressen und dann
nach einem erfundenen Buch agieren zu lassen.

Alles, jede Szene, jede Geschichte, ist irgendwoher auf
der Welt längst verfügbar.
In Sekundenschnelle holt VISION dir jede
gewünschte Geste auf den Schirm.
Das ist das totale neue Medium.
Was meinst du, was unsere Produktionsabteilung
aufpassen muss, dass nicht irgendein Außenseiter
besser ist als wir.
Die Leute kann man gar nicht rasch genug einkaufen,
wie schon wieder andere im Netz sind, die
sensationelles Material anbieten.
Da ist eine eigene Abteilung ständig dabei neue
Talente aufzuspüren und an uns zu binden.

FRAU:

Ich verstehe das dennoch nicht.

MANN:

Das meiste Geld verdienen wir im übrigen im
Augenblick gar nicht mehr mit den fertigen Abläufen,
sondern mit den Fragmenten, die in den
unterschiedlichen Visionwelten bei uns hergestellt
werden, und von den Leuten gekauft werden können.
Fertiges Programm ist Nebensache.
Und selbst bei den Fragmenten müssen wir aufpassen,
und immer neue und aufregendere Sensationen
anbieten, als die anderen.
Selbst manche Schauspieler produzieren längst eigene
Welten und bieten sie an, weil sie festgestellt haben,
wenn sie gut sind und bekannt genug, dann fahren sie
mit den Fragmenten besser und verdienen mehr, als
wenn sie sich langfristig an einen Sender verkaufen.

FRAU:

Das Leben ist zum Medienspiel verkommen.

MANN:

> Inzwischen gibt es hunderttausende von Kameras, auf allen Plätzen, Straßen, öffentlichen Gebäuden und ebenso viele in Privaträumen.
>
> Alle Netze sind miteinander verbunden, du siehst in Gefängnisse hinein, kannst Operationen betrachten, Altenheime, Kindergärten.
>
> Kein Ereignis findet statt, ohne dass es von einer Kamera registriert werden kann.
>
> Geschieht dies nicht, ist es kein Ereignis.
>
> Aufmärsche, Revolten im hintersten Winkel der Erde finden nur statt, wenn Kameras vorhanden sind oder installiert werden können.
>
> Die Menschen kennen die Macht der Bilder.

FRAU:

> Ich weiß, dass ich in jedes Schlafzimmer hineinblicken kann.

MANN:

> Hineingehen, das ist der Punkt, ums Sehen geht's schon lange nicht mehr allein.
>
> VISION 2 wird die nächste Revolution herbeiführen, und das ist in Vorbereitung, deshalb muss sich Fritz ja mit seinen Zeiflecktprogramm so beeilen, denn sobald VISION 2 serienreif ist, kann er einpacken.

FRAU:

> Du machst mir Angst.

MANN:

> VISION 2 schlägt die Brücke zwischen der Bilderwelt von VISION 1 und der Wirklichkeit.
>
> Programmierte virtuelle Realität lockt niemanden mehr hinter dem Ofen vor.
>
> VISION 2 erlaubt dir den Eintritt in die tatsächlich existierende Realität.

Das ist schon über das Stadium der Erprobung hinaus
und wird schneller auf dem Markt sein, als du denkst.

FRAU:

Gibt es denn niemanden, der diesen Wahnsinn
verhindert?

MANN:

Es ist machbar, das ist entscheidend.
In Großanlagen funktioniert es und sobald die PCs in
der Lage sind, ausreichend Kapazität zu bieten, geht
VISION 2 ab, wie die Post.
Die paar Probleme, die sie jetzt noch haben, kriegen
sie in den Griff.

FRAU:

Keiner wehrt sich gegen diese Entwicklung?

MANN:

Wer soll sich wehren?
Die Leute schreien danach, die wissen längst, dass es
aufgebaut wird.

FRAU:

Aber man muss das stoppen!
Irgendwer muss doch nachdenken, oder davonlaufen,
wenn es nicht anders geht, davonlaufen vor solchen
Sachen.

MANN:

Fragt sich nur, wohin du davonlaufen willst.

FRAU:

Früher hieß es Hammer oder Amboss sein.

MANN:

Das gilt mehr denn je.

FRAU:

Und Fritzens Zeitfleckprogramme?

MANN:

    Er geht die Sache nur von einer anderen Seite her an.

    Auch er will über das Medium in die Realität

    einsteigen und sie neu erschaffen.

    Wirklichkeit und Fiction sollen miteinander

    verschmelzen, werden eins.

FRAU:

    Was ist das für eine Welt geworden?

    Und wir haben das zugelassen.

MANN:

    Nicht zugelassen.

    Wir haben sie geschaffen.

FRAU:

    Unsere, die beste aller Welten.

*Das Telefon klingelt, die beiden schrecken auf, der Mann geht
zum Telefon.*

MANN:

    Das wird mein Büro sein.

    Wo bleibt denn dieser Hausmeister, der müsste doch

    längst hier sein?

    Das ist das eigentlich Irre an dieser Welt, die

    technischen Möglichkeiten scheinen unbegrenzt und

    so ein menschlicher Trottel vermag noch nicht einmal

    in den siebten Stock heraufzuklettern.

FRAU:

    Mich tröstet das.

Der Mann nimmt den Hörer.

MANN:

    Weber. Ja?....

Herr Manz, was machen Sie denn am Telefon?....

Ja freilich warte ich auf Sie....

Das sagte ich Ihnen doch....

Das ist mir egal....

Können Sie das noch mal sagen....

Sie waren oben, nein, jetzt hören Sie mir einmal zu...

Ja, mir....

Ich habe gar nichts gemacht.....

Ich habe keine Lust, das Ihnen noch einmal zu erzählen...

Nein, das werde ich nicht....

Ich habe Sie nicht gebeten, den Fahrstuhl zu benutzen, sondern ich habe Ihnen gesagt, Sie sollen mir die Tür aufmachen....

Reparieren sollen Sie ihn hinterher.....

Ich weiß nicht, wo mein Schlüssel ist....

Nehmen Sie Ihren Generalschlüssel und sperren sie die verdammte Tür auf, ich will das nicht wiederholen......

Jetzt haben wir schon fünf Minuten mit sinnlosem Reden verbracht....

Jawohl, sinnlos nenne ich das...

Wie Sie das nennen ist mir gleichgültig....

Das werden Sie mir überlassen....

Hören Sie, ich habe einen wichtigen Termin, den ich nicht absagen konnte, weil mein Telefon nicht funktioniert....

Ich weiß, dass Sie jetzt mit mir reden...

Sie machen sich jetzt auf den Weg oder Sie sind die längste Zeit Hausmeister gewesen....

Ja, das sage ich Ihnen...

Da täuschen Sie sich mal nicht....

Jawohl jetzt!

Nein, das kann ich mir nicht erklären, und ich will mit Ihnen auch nicht darüber diskutieren.

Der Mann knallt den Hörer auf die Gabel und geht zum Schrank, holt eine Schnapsflasche und zwei Gläser.

MANN:

So ein Dussel.

Er schenkt sich das Glas randvoll, hält es der Frau hin.

MANN:

Willst du auch?

FRAU:

Ist es nicht noch zu früh zum Trinken?

Er schenkt ihr ein, setzt sich hin und trinkt sein Glas leer, dann schenkt er sich noch mal ein, stellt die Flasche ab, das Glas hält er in der Hand, während er redet.

MANN:

Der Hornochse ist in den Fahrstuhl gestiegen, zu uns hochgefahren und dann hat er festgestellt, bei uns geht die Tür nicht auf.
Mir ist vollkommen egal, was in die verfluchte Maschine gefahren ist, ich will mit ihm auch nicht darüber reden, aber zu Fuß will er nicht hochkommen, das ist ihm zu anstrengend.

FRAU:

Er konnte bei uns nicht aussteigen?

MANN:

Das behauptet er, und das wollte er mir jetzt klarmachen und fragt, wie das sein kann, dass bei ihm

unten die Tür aufgeht, während ich sie nicht
aufkriege, dass er sie oben aber nicht aufmachen kann,
was mir gelingt.
Und abgesackt ist er auch, deswegen konnte er sich
nicht melden, weil er sich erst einmal von dem
Schreck erholen musste.

FRAU:

Du warst auch ganz schön daneben.

MANN:

Ich bin auch kein Hausmeister.

FRAU:

Das Ergebnis, wenn der Fahrstuhl abstürzt, dürfte für
euch beide gleich sein.

MANN:

Der soll die Tür aufschließen und nicht Fahrstuhl
fahren.

FRAU:

Und unternimmt er jetzt was?

MANN:

Das will ich ihm raten, denn sonst braucht er nicht
erst mit dem Fahrstuhl abstürzen.
Fragt der mich doch tatsächlich, was ich
kaputtgemacht haben könnte.
Was geht mich der blöde Fahrstuhl an?
Funktionieren soll er, sonst interessiert der mich
nicht.

*Er trinkt das nächste Glas leer, will nachschenken, lässt es aber
mit Blick auf die Frau.*

MANN:

Ist doch wahr.
Du trinkst ja gar nicht.

FRAU:

Morgens trinke ich nie.

MANN:

Er will mir weismachen, dass er keinen
Generalschlüssel hat, dabei war ich auf der
Versammlung, wo der ihm überreicht wurde,
nachdem lange darüber diskutiert worden war.
Ich erinnere mich genau.
Ich war dagegen, aber die Mehrheit hat ihm ja das
Metall regelrecht in die Tasche gestopft.

FRAU:

Gut, dass du überstimmt wurdest, sonst könnte er
jetzt nicht aufschließen.

MANN:

Er behauptet ja, dass er den Generalschlüssel nicht
finden kann.
Er will einen anderen suchen.

FRAU:

Mit welchem Schlüssel ist doch gleichgültig.
Hauptsache, er kann dich rauslassen zu deinem Nazi.

MANN:

Sag nicht immer Nazi!

FRAU:

Wer seine Kindheit mit einem Vater im Umfeld des
Völkischen Beobachters verbracht hat, lernte Duktus
und Gedankengut.

MANN:

Heute weiß doch niemand mehr, dass es den
Völkischen Beobachter überhaupt gab, geschweige
denn was darin geschrieben wurde.

FRAU:

Ich weiß es.
Ich traue den Nachkommen der Nazis nicht.

Weder ihren Kindern und noch weniger den Enkeln.
Unsere Boulevardzeitungen und die meisten
Zeitschriften sind konsequente und zeitgemäße
Weiterentwicklungen des Völkischen Beobachters.

MANN:

Für solche Blätter hat er nie gearbeitet.
Dafür hat er zu viel Geschmack.

FRAU:

Die Mär vom guten Geschmack darfst du getrost
vergessen.
Geld und Macht haben den allemal besänftigt, falls er
überhaupt bei jemandem vorhanden war.
An den guten Geschmack erinnert man sich immer
erst in Zeiten der Niederlagen, dann zerrt man ihn aus
der Versenkung und umtanzt ihn in verzücktem
Reigen.
Mich schaudert, wenn ich daran denke, wie die
Henker im Nazireich und ihre Mitläufer ihre
Unschuld mit der Unvereinbarkeit ihres guten
Geschmacks zu beweisen versuchten, ebenso wie mich
schauderte, als ich las und hörte, wie sie den Siegern
Lehren in Menschlichkeit und Demokratie geben
wollten, als hätten sie nie anders gedacht und
gehandelt.
Fünf Jahre nach dem Ende der Unmenschlichkeit war
von eigener Unmenschlichkeit keine Rede mehr.
Da saßen Täter und Mitläufer wieder obenauf und
richteten über die Verfehlungen jener, die den
Vernichtungsfeldzug überlebt hatten und gaben den
verdatterten Siegern Ratschläge.
Als dann Jahrzehnte später ihre Kinder zur Revolte
riefen, waren sie bereits so unangreifbar geworden,

dass sie nach kurzem Scharmützel den Sieg
davontrugen.

MANN:

Aus einem Ding entsteht nichts, was nicht schon in
ihm steckt.
Die Kinder wussten nicht, was Revolution bedeutet.
Sie spielten Revolution und erhielten zu Recht die
Rute.

FRAU:

Die meisten haben das verstanden, und nachdem sie
eine Zeitlang ihre Wunden geleckt haben, traten sie
folgsam das Erbe ihrer Väter an.
Wenn sie sich heute überhaupt noch zu geistigen
Abenteuern aufschwingen, dann sind es Katzen- und
Kühlschrankgeschichten und Surfabenteuer im
Internet, wo sie auf die große Welle warten.
Once in my life.

MANN:

Du bist stolz auf das Rebellentum deiner Töchter.

FRAU:

Es ist wahr, dass ich sie liebe.

MANN:

Du siehst meine Zusammenarbeit mit Herbert falsch.
Es geht da nicht allein um Inhalte und Atmosphäre,
die, ich will es zugeben, zuweilen problematisch sind.
Es geht um die Form.
Er macht eine abwehrende Handbewegung.
Ich weiß, dass man das nicht trennen kann, wir
brauchen uns da nicht zu streiten, aber wichtig ist mir,
dass solche Filme gemacht werden, dass diese Art von
geistiger Auseinandersetzung im Medium überhaupt
noch stattfindet.
Das ist entscheidend.

Natürlich hätte ich auch gerne andere Akzente.

Aber du weißt, was mit den anderen Stoffen geschah,
und es betraf nicht bloß die Stoffe, auch die Leute, die
sie vertreten wollten?

Außerdem hat heutzutage kaum einer den langen
Atem.

Seit Jahren haben diese Typen doch zehn Projekte
gleichzeitig am Laufen.

Geht das eine nicht, geht vielleicht etwas anderes.

Keiner hängt Herzblut daran und kämpft für seine
Ideen, wenn es überhaupt die seinen sind, und nicht
bloß Auswüchse eines Modetrends.

Beziehungskiste, boy meets girl, Toppen, Spontanidee
und wie die modischen Unwörter lauten, mit denen
sie die Leere ihres Lebens füllen.

Was die Autoren angeht, so habe ich meine Illusionen
längst verloren.

Für die meisten ist es in der Tat vernünftiger, wenn
sie für VISION arbeiten, denn da können sie
wenigstens ein bisschen in den Alltag schauen, selbst
wenn das der Computer für sie aussucht.

Beim Studieren des Angebotes mag zuweilen einer ein
wenig stutzen.

Ich will ja nicht so weit gehen und hoffen, dass er
sogar nachzudenken anfängt.

Herbert ist da von anderem Schlag.

Er beharrt auf Gestaltung der Welt und liefert keinen
aufgepäppelten Abklatsch.

Und ich will dir noch etwas sagen, die meisten
Zuseher heute, und das sind nicht die dümmsten,
unterscheiden noch nicht einmal mehr, was Realität
und was Fiktion ist.

Sie halten die mediale Wirklichkeit ihrer eigenen Welt
für realer als das, was sie tagtäglich erleben.

Es ist nur konsequent beides zu verschmelzen.

FRAU:

Eins und eins, das sind zwei.

Vergessene Worte, wie so viele, wenn das Licht in
Scherben liegt.

Renate ist zerbrochen daran.

MANN:

Renate reagiert emotional auf die Dinge.

Daran geht sie kaputt.

Ich habe ihr dies schon früher prophezeit, und ich
sage dir noch was, ich traue ihrer Haltung nicht.

Traute ihr nie.

Auch sie spielt, wenn auch auf einem vermeintlich
höherem Niveau.

Das bildet sie sich ein.

Sie weiß, oder wusste es zumindest einmal, was sie
einsetzen muss, um Aufmerksamkeit zu erregen.

Vielleicht wusste sie damals auch, dass dies eine Pose
war.

Mit der Zeit begann sich wohlzufühlen, wollte sich
einrichten in den Abläufen dieses Spiels, vergaß, dass
der Geist ruhelos ist.

Der geistige Mensch muss Störenfried sein.

Alles andere ist Frevel und verfehlt die Bestimmung.

FRAU:

Wen störst du mit deinen Sendungen?

MANN:

Sie sind da, obgleich es sie gar nicht mehr geben
dürfte.

Du weißt genau, dass ich nie hoch hinauswollte.

Ich habe mich stets nur als Mittler gesehen.

Drei Viertel von dem, was heute produziert wird,
könnte ich auch selber machen.
Gar kein Problem.
Aber das ist mir zu wenig.
Solch eine Lebenslüge leiste ich mir nicht.

FRAU:

Wie siehst du mich?

MANN:

Ich liebe dich.

FRAU:

Du weichst aus.

MANN:

Nein.

FRAU:

Das ist keine Antwort.

MANN:

Die ehrlichste, die ich geben kann.

FRAU:

Wie kannst du mich lieben?
Ich bin nutzlos in dieser anspruchsvollen Welt.

MANN:

Ich spüre keine Angst, wenn ich bei dir liege.

FRAU:

Das sagst du heute, jetzt, wo der ultimative
Megaorgasmus das Ziel aller ist?

*Er schaut sie an, steht dann auf, geht zu ihr hin, reicht ihr die
Hand und zieht sie hoch. Sie umarmen und küssen einander. Als
die Frau sich begehrend an ihn schmiegt, erwidert er dies
zunächst, drückt sie dann von sich weg. Er löst sich von ihr. Diese
Zurückweisung überspielend:*

MANN:

>Das wäre doch etwas für den Hausmeister, wenn er uns hier auf dem Boden fände.

Er greift zur Flasche und schenkt sich ein. Die Frau setzt sich. Sie ist enttäuscht, nimmt ihre Kaffeetasse, trinkt.

MANN:

>Es würde zu seinem Bild von uns passen.

FRAU: *aggressiv*

>Ich bin nicht besorgt um das Bild, das wir vor dem Hausmeister abgeben.

MANN:

>So meine ich es nicht.

Beide sind betroffen über diesen Augenblick Nähe.

MANN:

>Gehst du heute aus?

FRAU:

>Und mit diesem VISION 2, das ihr da plant, kann man da am Leben der anderen nur als Voyeur teilhaben oder kann man auch mitmischen?

MANN:

>Fast.

FRAU:

>Wenn wir also eine Kamera im Raum hätten, so könnte sich quasi jemand zwischen uns bewegen?

MANN:

>So ist es.

FRAU:

>Spürten wir ihn?

MANN:

    Nur indirekt, du kriegst eine Meldung, dass einer
    eingestiegen ist.

    Ob und wie er sich bewegt, kannst du nicht
    nachvollziehen.

FRAU:

    Wir nehmen ihn körperlich nicht wahr, aber er
    nimmt uns wahr?

MANN:

    Als Hindernisse, wie einen Tisch oder Schrank.

    So ist es, und genau das ist das Aufregende an der
    Sache.

    Denn dadurch entsteht ein Kitzel, den es bisher nicht
    gab, weder in den Computerwelten noch in den
    Filmwelten.

    Dort ist jede Bewegung und jedes Ereignis bekannt.

    Bei VISION 2 kommt der Zufall ins Spiel oder auch
    die indirekte Kommunikation.

    Das ist ja das, was reizt.

FRAU:

    Es könnte also auch sein, dass jemand aus dem Raum
    bewusst oder unbewusst dem Eindringling etwas
    zufügen kann.

MANN:

    Keine Ahnung.

    Du weißt, dass dies alles mich nur am Rande
    interessiert.

    Aber ich kann es mir vorstellen.

    Es wäre logisch.

    Ich kann mir sogar denken, dass diese Gefahr als
    besondere Sensation eingebaut wird.

FRAU:

    Du meinst, das ist möglich?

MANN:

Alles ist möglich, das ist es ja.

Wenn etwas erprobt wird, kommt es früher oder
später auf den Markt.

FRAU:

Und wie ist es, wenn mehrere sich einschalten?

MANN:

Was soll da geschehen?

Unsere Realität ist hier, und ihre existiert in der
jeweiligen Anlage, wenn die parallel geschaltet ist,
nehmen sie einander wahr, sonst nicht.

Es ist keine weitere Interaktion möglich, zumindest
jetzt noch nicht, aber ich möchte mir fast vorstellen,
dass dies eines Tages auch möglich sein wird.

Denkbar ist alles.

Früher hat die Phantasie die Entwicklungen
vorangetrieben, heutzutage hetzt die Entwicklung die
Phantasie.

FRAU:

Es ist beklemmend.

MANN:

Man wusste das, als die ersten Versuche mit der
virtuellen Realität begannen.

FRAU:

Ich wusste es nicht, ahnte es noch nicht einmal.

MANN:

Ich mache mir keine Illusionen.

FRAU:

Verglichen mit VISION 2 sind fritzens Zeitfleckidee
doch Pipifax.

MANN:

Sicher, und meine Arbeit erst recht, deshalb mache
ich sie ja.

Er zögert, schaut sie nachdenklich an und fährt dann fort:

Ich habe gelesen, dass die Raumkameras mit Lautsprechern versehen werden sollen, damit du dich mit den Besuchern unterhalten kannst.

Diese akustische Interaktion ist schon im Stadium der Erprobung und gilt als nächster Schritt.

FRAU:

Da kommt einer in den Raum und redet mit dir?

Das mag ich mir nicht vorstellen.

MANN:

Mein ahnungsloser Engel.

Bei VISION 3 wirst du ihn auch sehen können.

Zunächst hat man überlegt die Besucher mittels Laserprojektion im Raum aufscheinen zu lassen, aber inzwischen denkt man darüber nach, den Leuten Chips zu implantieren, so dass man sie nicht nur sehen sondern auch fühlen kann.

FRAU:

Hör auf!

Ich will das nicht hören!

Die Frau steht verstört auf stößt die Schnapsflasche um, deren Inhalt sich über den Tisch verteilt. Sie stutzt, eilt dann in die Küche und kehrt mit einer Papierrolle zurück und säubert verbissen und wütend Tisch und Boden, beruhigt sich dabei ein wenig.

FRAU:

Evas Griff nach dem Apfel hatte die Vertreibung aus dem Paradies zur Folge.

MANN:

> Ist eine Idee erst einmal geboren, dann finden sich
> Menschen, die sie verwirklichen.

*Die Frau reibt heftig die letzten Tropfen weg. Räumt das
benutzte Papier und die Rolle in die Küche. Zurück schenkt sie
sich neuen Kaffee ein, trinkt langsam.*
*Das Telefon schrillt. Der Mann schreckt auf. Bevor er hinkommt,
verstummt das Läuten. Er nimmt dennoch den Hörer, lauscht,
schüttelt ihn.*

MANN:

> Hallo!....
> Ist da wer?
> *zur Frau*
> Jetzt ist die Leitung schon wieder tot!
> Ich verstehe nicht, wie es dann überhaupt läuten
> kann.

*Er drückt die Gabel und ruft noch einige Male in den Hörer,
dann zur Frau*

MANN:

> Da kann einem der Kragen platzen.
> Irgendwie läuft heute alles schief.
> *Er schaut auf die Uhr.*
> Der Hausmeister müsste auch schon längst hier sein,
> selbst, wenn er kriechen würde, dürfte er die sieben
> Stockwerke inzwischen geschafft haben.
> Ich bin sicher, der faule Hund hat sich keinen
> Zentimeter vom Fleck gerührt.
> Ich möchte bloß wissen, was in den Köpfen von
> solchen Figuren vorgeht.

FRAU:

> Was soll in seinem Kopf vorgehen?
> Mich erschreckt, was in den Köpfen deiner Kollegen
> vorgeht.

Er schaut zur Tür.

MANN:

> Vielleicht geh ich mal nachsehen.

*Dann winkt er ab und kehrt wieder zu seinem Sitz zurück,
schenkt sich den letzten Rest Schnaps ein, der in der Flasche
verblieben ist. Blickt zum Fernseher, wo gerade die
Wettervorhersage läuft.*

MANN:

> Siehst du, sie verkünden schönes Wetter.

Die Frau schaut zum Fenster.

FRAU:

> Sieht danach aus.

Er mustert sie, grinst,

MANN:

> Vielleicht hätten wir die Zeit doch besser nutzen
> sollen?

Sie lacht, winkt ab.

FRAU:

> Zu spät!

Der Regen hat sich verzogen.
Den Schirm brauchst du nicht mitnehmen.

MANN:

Ich nehme nie einen Schirm mit, wie du weißt.
Bisher ist noch kein Anzeichen auszumachen, dass ich
überhaupt irgendwohin gehe.

Sie schaut ihn an.

FRAU:

Das nächste Mal lässt du mich ans Telefon.
Bei mir funktioniert es immer.

MANN:

Du glaubst mir nicht, kannst ja selber abheben, wenn
es noch einmal klingelt.

FRAU:

Doch, ich glaube dir.
Selbst deine Fernsehgeschichten, auch wenn sie mir
nicht gefallen.

MANN:

Vielleicht hätten wir weggehen sollen, als sich die
Kinder dazu entschieden.

FRAU:

Schön hätten wir ausgeschaut zwischen dem jungen
Gemüse.

MANN:

Ich weiß, mein Herz.

FRAU:

Es ist genug, dass wir ihnen den unschuldigen Zugang
zur Welt genommen haben.
Wir.
Niemand anders.

Deswegen wehre ich mich gegen dein Amüsement,
das du beim Betrachten der Welt empfinden willst.
Es ist böse, zynisch,

MANN:

Unsere Kinder lieben uns.

FRAU:

Will nicht jedes Kind seine Eltern lieben?

MANN:

Ich bin vielleicht beeindruckt von der Folgerichtigkeit
der Entwicklungen bei mir im Sender und auch
anderswo.
Aber vergiss nicht, es sind die Jungen, die uns die
Apparate aus den Händen reißen und immer neue
und verwegenere fordern.

FRAU:

Wenn die Sünden der Väter heimgesucht werden bis
ins dritte oder vierte Glied, so haben die Kinder das
Recht, die Väter vor ihr Tribunal zu ziehen.
Wir bieten ihnen Ausreden an wie wir es von unseren
Eltern gelernt haben und weisen sie zurück.
Also nehmen sie sich, was sie bekommen können.

MANN:

Ohne Frage ist es das Recht der Jugend zu fordern.

FRAU:

Und es ist Pflicht der Alten Antwort zu geben, eine
Antwort, keine Ausflucht, und es ist Pflicht, das
Steuer zu halten, bis man es übergeben kann oder es
einem entrissen wird.

MANN:

Es gibt keine gültigen Antworten mehr.

FRAU:

Es gab nie welche.
Aber früher hat man dennoch eine Antwort gewagt.

Kein Bäcker, der morgens Licht in der Backstube
macht, kann sicher sein, dass ihm auch heute das Brot
gelingt.
Er beginnt seine Arbeit und verrichtet Handgriffe wie
jeden Tag und vertraut auf sein Können.
Das gilt für Jedermann und alle Zeit.

MANN:

Dadurch, dass wir unsere Wohnung freihielten von all
diesen Dingen, dachte ich, wir blieben verschont.

FRAU:

Der Mensch bedarf des Gebotes und er bedarf auch
des Tabus.
Jeder Mensch vergangener Jahrhunderte, der in
Achtung und Ehrfurcht vor Gesetz und Gebot lebte,
scheint mir fortschrittlicher, als jener der Gegenwart,
der sich darüber erheben will.
Tabu und Gebot sind Ausdruck unseres Menschseins.
Sie bestimmen unsere Grenzen und unsere Stellung
im Haus des Seins.
Nicht nur die Überwindung und Abschaffung von
Tabu und Gesetz sind Akte geistiger Anstrengung,
auch ihr Einrichten und daran Festhalten sind es.
Wir haben das vergessen.

MANN:

Wie vieles, was wir vergessen haben.

FRAU:

Wir haben kein anderes Existenzrecht als ein Stein
oder ein Wassertropfen.
Vernunft wurde uns als göttliche Gnade geschenkt
und erlaubt uns kein Rasten und keine
Überheblichkeit.
Vernunft ist ein Engel, der durch die Ewigkeit
streicht.

MANN:

    Ich bin nicht so fest im Glauben.

FRAU:

    Ich liebe an dir, was du selbst nicht erkennst.

Während die beiden reden, achten sie nicht auf das Fernsehbild, das sich ganz allmählich verändert. Zunächst werden die Bilder langsamer, bis sie schließlich ganz erstarren. Der Kopf des Nachrichtensprechers bleibt, wird stetig größer, eine Verdichtung auf den geöffneten Mund erfolgt, der so geöffnet ist, wie bei dem Bild von Munch, dem Schrei. Parallel dazu verändert sich das Licht, das von den Fenstern in den Raum fällt, es wird matter, milchig trüb. Im Fernseher und außerhalb scheint die Zeit still zu stehen.

MANN: *dem das Reden der Frau Unbehagen zu bereiten scheint*

    Jetzt könnte er wahrlich langsam herauf gekrochen sein.

FRAU:

    Vielleicht findet er den Schlüssel nicht.

MANN:

    Den Schlüssel hat er in der Tasche, da darfst du sicher sein.

    Der Typ ist einfach zu faul, seinen Hintern zu bewegen.

FRAU:

    Es sind eine Anzahl Stufen.

    Er ist nicht mehr der Jüngste.

MANN:

    Ich hab den Fahrstuhl nicht eingebaut und ich habe ihn auch nicht demoliert.

FRAU:

    Er auch nicht.

MANN:

>Es gehört zu seinen Aufgaben, sich um den
>funktionstüchtigen Zustand der Geräte zu kümmern.
>Wofür bezahlen wir ihn denn?
>Ich brauche keinen Leibwächter.

FRAU:

>Ein Fahrstuhl ist keine Waschmaschine.

MANN:

>Solange die Fassade funkelt, lacht auch das Glück.

FRAU:

>Erinnerst du dich an unsere Berliner Wohnung.
>Da war das zweite Stiegenhaus mit Müll voll gestellt.

MANN:

>Wir haben uns rechtzeitig aus der Hauptstadt
>abgesetzt.

FRAU:

>Manchmal denke ich, es war tatsächlich eine Flucht.

MANN:

>Es war eine Flucht.

FRAU:

>Hier in diesem Nest mag man sich vormachen, die
>Welt sei noch in Ordnung, obgleich jeder spüren
>kann, dass es nicht stimmt.

MANN:

>Weil ich wusste, dass es nicht stimmt, bin ich hierher
>gezogen.
>Im Laufe meines Lebens habe ich einige heroische
>Aufbrüche mit angesehen.
>Bei Aufbruch wie Rückkehr hatten die Beteiligten
>feuchte Augen und räsonierten über ihr Schicksal.
>Sie vergossen Tränen, zogen aber keine Lehren aus
>ihrem Handeln.
>Ich habe dies freilich erst allmählich verstanden.

FRAU:

>Man findet stets Gründe und schiebt die Schuld den
>Umständen oder anderen zu.

MANN:

>Erkenne dich, zerstöre dich um dich dann zu dem zu
>machen, was du bist.

FRAU:

>Es sind gefährliche Sätze, wenn man sie nicht versteht.

MANN:

>Das hoffnungslose Hoffen ist die Kette, an die wir
>geschmiedet sind.
>Dein Zorn verwandelt Eisen nicht in Zuckerwatte.

FRAU:

>Mein Zorn?!

MANN:

>Ich habe mich mit den Zuständen ebenso wenig
>abgefunden, wie du es hast.
>Ich weiß, Ohnmacht wird erst allmächtig, wenn sie
>nicht mehr wahrgenommen wird.
>Soweit lasse ich es nicht kommen.

*Im Hintergrund formt sich allmählich der Schrei heraus. Die
beiden achten nicht auf das Gerät.*

MANN:

>Ein brennender Dornbusch ist der Mensch.

FRAU:

>Ich ertrag den schalen Geschmack nicht länger, den
>diese Welt in mir erzeugt.
>Krankheit und Tod stehen übermächtig und fremd in
>dieser Idylle.
>Ich weiß, dass diese elektronische Scheinwelt dagegen
>aufbegehrt.

Gerade das macht mich so wütend.

Es ist der falsche Weg.

Merlin, UFOs, Reinkarnation, die Bibliothek von Alexandria, alles wird zu einem Brei vermengt und süchtig hinuntergeschlungen.

MANN:

Nicht alle unterwerfen sich.

FRAU:

Selbst die Abweichung von der Norm wird ritualisiert, ist Geschäft geworden, Glaubenshaltung und folgt festgelegten Bahnen.

Kaum noch wage ich in unserem Park spazieren zu gehen, weil ich den aufdringlichen Naturtastern nicht begegnen will.

Mit verzückter Blödheit streichen Blicke und Finger über Nelken, Birken und Gras.

Die Dreckkrümel Erde zerreiben sie andachtsvoll im Schatten einer Hecke, wo sie das harte Sonnenlicht nicht finden kann.

MANN:

Du übertreibst.

FRAU:

Du bemerkst es nicht, weil du nur das Zufällige oder das Selbstverständliche siehst.

Die Heiden feiern ihre Messe und zwingen jedermann in ihren Bann.

Ihre Welt ist enger und unbarmherziger als die schreckliche Gegenwart, die sie verbessern wollen, oder eine Vergangenheit in der ein zorniger Gott seine Rache gegen den Frevel vollzog.

MANN:

Wir haben mit ihnen nichts zu tun, wir beide sind frei und es gibt viele wie uns

FRAU:

> Frei?
>
> Wofür?
>
> Wovon?

MANN:

> Keiner zwingt uns anderen zu folgen.

FRAU:

> So heißt es immer.
>
> Aber handle gegen die Norm, dann spürst du den Zwang.

MANN:

> So hoffnungslos scheint mir das alles nicht.

FRAU:

> Wir leben in einer Welt geheimnisvoller Mächte, die menschlicher Vernunft nicht zugänglich sind.
>
> Je rascher und raumgreifender der technische Fortschritt erfolgt, desto mehr trübt sich der Blick jener, die ihn gestalten, desto hilfloser werden die Gesten jener, die davon betroffen sind.

MANN:

> Einmal begegnen zwei Mönche an einem Fluss einer alten Frau, die fragt, ob sie ihr hinüberhelfen könnten.
>
> Während der eine ihr die Gefahren ausmalt, in die er sich begeben könnte, falls er stolpern sollte, hebt sie der andere auf die Schulter und schreitet mit ihr durch das Wasser.
>
> Drüben angekommen hört er Vorwürfe seines Bruders, wie er so unbedenklich solche Verantwortung auf sich nehmen konnte.
>
> Er antwortet: ich habe die Frau auf die Schulter genommen, hinübergetragen und abgesetzt.
>
> Du trägst sie noch immer.

FRAU:

Ich erkenne mich nicht in diesem Bild.

MANN:

Die Macher von VISION verlassen sich auf die
Furcht der Menschen und auf ihre Gier.

Unfähig und voller Angst eine Entscheidung zu fällen,
mag jeder sich gerne an der Entschlusslosigkeit des
andern weiden.

Werden die Pläne verwirklicht, so kannst du
zukünftig an jeder Privatsphäre teilhaben, und du
wirst sehen, für viele ist es ein lustvoller Augenblick,
andere teilhaben zu lassen.

Weder Küche noch Bett werden ausgespart.

Alles und jeder öffnet sich deinen Blicken und gibt
sich deinen Händen preis.

FRAU:

Das sind Allmachtfantasien aus der Reifezeit jedes
Menschen.

Es ist krank, wenn dieser Übergang Endzustand wird.

MANN:

Sobald du die Regeln akzeptierst, kann zukünftig
jederzeit jemand bei dir sein.

Du bist ihm ausgeliefert und kannst dich ihm
hingeben.

Kannst ihm seine Wünsche erfüllen, so dass er dich
gänzlich zu besitzen glaubt.

FRAU:

Hör auf!

Ich will dergleichen nicht hören.

MANN:

Das sind keine Spinnereien, das ist bald Wirklichkeit.

Die Grenzen des Mediums sind seine technische
Machbarkeit.

FRAU:

Die Grenzen der Technik sind die Grundsätze der
Ethik.

MANN:

Die sind längst außer Kraft gesetzt.
Aus lauter Furcht, man könnte die falschen
Grundsätze haben oder nicht wandlungsfähig sein,
werden alle Grundsätze auf den Müll geworfen.
Die Menschheit dreht sich verzückt im Tanz.
So einfach ist das.

FRAU:

Menschsein ist mehr.
Ist Liebe, Opfer, Erbarmen und Freude an Geist und
Wissen.

MANN:

Wenn ich das Wort Kultur höre, ziehe ich den
Revolver.
Der Satz gilt heute erst recht, er wird bloß
verbindlicher ausgesprochen.
Es ist der Leitsatz der Medienleute.

FRAU:

Nur die Unerschrockenheit, mit der man die eigene
Meinung vertritt, kann einen rechtfertigen.
Der Mensch macht Fehler.
Sie sind Teil seiner Existenz.
Sobald man sie auslöschen will, löscht man die
Menschlichkeit aus.
Nur sie garantiert uns Zukunft.

MANN:

Hört sich gut an, will aber keiner hören.

FRAU:

> Intellekt allein, bar jeder Moral pflegt bestechlich und feige zu sein, ist bereit, sich jedem Herrn anzudienen, ohne auf die Folgen zu achten
>
> Mehr noch: er ist bereit, auf Geheiß jedem Golem nachzuplappern, Lug und Trug in die Welt zu setzen, die Herzen mit Hass und Verblendung zu schwängern.
>
> Intellekt an sich ist stumpf und wirkungslos, erst unsere Tat schärft die Schneide und macht ihn zum Werkzeug und Teil des Menschen.
>
> Das ist die Essenz der Geschichte des Apfels aus dem Paradies.
>
> Wahrheit und Gerechtigkeit - Worte, die ihren Sinn verlieren, wenn der Verstand käuflich wird.

MANN:

> Der Verstand ist käuflich.
>
> Alles ist Ware.

FRAU:

> Das glaubst du nicht.

MANN:

> Ich bin ein Narr, mag sein, aber ich werde immer daran glauben, dass es unsere Bestimmung ist Natur und Mitmenschen zu achten, ihnen ihre Würde zu lassen, während wir wie alle anderen Liebe und Glück zu erhaschen suchen.
>
> Deshalb verfolge ich die Entwicklungen bei VISION und nicht nur dort und warne davor.

FRAU:

> Vielleicht sind die Anlagen so kostspielig, dass kaum einer sie sich wird leisten können.

MANN:

>   Die Versuchsanlagen sind teuer, aber die anderen, die
>   ihnen folgen, werden den Markt überschwemmen.
>   Außerdem kosten sie ja nicht bloß Geld, sondern man
>   kann damit auch Geld verdienen.

FRAU:

>   Die Hersteller verdienen daran.

MANN:

>   Die sowieso, aber es wird so kommen wie bei
>   VISION 1 und all den anderen technischen
>   Neuerungen an denen jemand Interesse hat.
>   Auch bei VISION 2 und 3 wird man einen
>   Verrechnungsmodus finden, und sobald irgendwer
>   einsteigt, dann muss er zahlen und wenn du ihm ein
>   attraktives Programm bietest, kannst du verdienen.
>   Natürlich ist das für die meisten nur Illusion, weil sie
>   mehr ausgeben, als sie einnehmen werden, aber du
>   weißt, die Hoffnung, es könnte anders sein, lässt viele
>   daran teilnehmen.
>   Alles wird seinen Gang gehen nach dem Erfolgsrezept
>   einer Ökonomie, die ihre Regeln zu den allein
>   gültigen in der Welt durchgesetzt hat.

FRAU:

>   Für mich ist die Vorstellung grauenhaft, dass einer im
>   Raum herumspaziert und ich weiß es nicht.

MANN:

>   Du weißt es ja, kannst auch darauf reagieren.
>   Das ist der Kitzel für dich und den andern.

FRAU:

>   Der imaginäre Besucher macht mich zum Opfer.
>   Das ist doch nicht von Menschen erdacht!

MANN:

>   Cypersex ist der Schlüssel für den Erfolg.

Die Herrscher im künstlichen Reich digitaler Träume
langweilen sich.
Im Grunde geht es um Herrschaft, Macht und die
Illusion, der Mensch könne sich die Welt untertan
machen.

FRAU:

Du erhebst dich über deine Mitmenschen, wenn du
so redest.

MANN:

Ich nehme ihre Wirklichkeit zur Kenntnis.
Ihre Sehnsucht.
Ihr Verlangen.

FRAU:

Wie kannst du das Sehnsucht nennen?

MANN:

Ich stelle es mir nicht vor, es ist so.
Das ist für mich überhaupt gar keine Frage mehr.
Seit Jahren kann man verfolgen, wie der Computer
ein neues Menschenbild formt.
Den Meisten ist keine andere Welt mehr vorstellbar,
als jene, in der auf Knopfdruck oder Klick Ereignisse
in Gang gesetzt werden und sie durchpflügen
Gegenwart und Vergangenheit nach Bestätigung für
diese Vorstellung.
Ihr Universum ist ein Computeruniversum, das
jemand bedient und mit dem sie Verbindung
aufnehmen wollen.
Ich habe das lange nicht sehen wollen.
Inzwischen muss ich feststellen, dass dieses Denken
immer zahlreichere Anhänger findet.
Es gibt warnende Stimmen, doch auch der Turmbau
von Babel fand statt.

    Deshalb begnüge ich mich mit meiner Arbeit und
    lasse mich verspotten.

FRAU:

    Mein Spott soll dich nicht verletzen.
    Ich wüte gegen dich, weil du mir nahe stehst.
    Ich kann nicht alles nur betrachten und stumm
    bleiben.
    Schweigen hieße ich fände es gut.
    Ich will es aber nicht gutheißen.
    Renate trinkt und hält alles von sich fern.

MANN:

    Es gelingt ihr ebenso wenig, wie es dir gelingt.
    Keiner kann das.
    Man kann der Entwicklung nicht mehr Einhalt
    gebieten.
    Das ist nicht mehr möglich.
    Man kann warnen und beiseite treten.
    Natürlich wendet man sich damit gegen den Zeitgeist,
    gegen die Mehrheit, gegen das, was unsere Welt
    auszumachen scheint.
    Aber macht sie das wirklich aus?

FRAU:

    Du kannst auf die Dauer nicht gegen die Mehrheit
    leben.

MANN:

    Das ist die Forderung jeder Gegenwart.

FRAU:

    Die Mehrheit lässt dir keinen Raum zum Atmen.
    Die Wirkungslosigkeit deines Protestes ist offenbar,
    deshalb kannst du sprechen und denken.
    Handeln werden die anderen.

MANN:

    Die Kinder laufen fort.

Etwas nehmen sie doch mit.
Wir sind ärmer, sie sind quitt,
Und die Uhr geht Schritt für Schritt
Um den leeren Tisch.

FRAU:

Ihr Ausbruch ist Teil des Systems.

MANN:

Auch unser Räsonieren fügt sich ins Bild.

FRAU:

Das heißt, dass alles vergeblich ist?

MANN:

Nicht vergeblich.
Aber auch nicht bedeutender, als es eingeschätzt
werden muss.

FRAU:

Und bestimmt von irgendwelchen fremden Mächten.

MANN:

Es sind keine fremden Mächte, die das steuern.
Es gibt nur Menschen, die eine Entwicklung anstoßen
und andere, die ihr folgen.
Das ist alles.

FRAU:

Dann liegt in der Überraschung die letzte Hoffnung
auf Freiheit.

MANN:

Freiheit bedeutet Hoffen und Verlangen nach dem
Verschwinden der Norm.

FRAU:

Dann gibt es keine.

MANN:

Doch.
Er schaut auf die Uhr.
Mein Termin ist geplatzt!

Wo bleibt der verdammte Hausmeister nur?

Er geht zur Tür und öffnet sie, die Frau schaut ihm hinterher.

FRAU:

Soll ich vielleicht mal anrufen?

Der Mann von draußen.

MANN:

Alles liegt friedlich und still.
Was sagst du?

FRAU:

Ob ich anrufen soll?

Es ist nicht zu verstehen, was er antwortet, man hört, dass er an der Tür rüttelt, dann offensichtlich dagegen schlägt, dann kehrt er zurück.

MANN:

Haben wir wirklich keinen Schlüssel?

FRAU:

Ich weiß nicht, ob wir einen Schlüssel haben.

MANN:

Das ist doch hanebüchen.
Unser Geschick hängt an einem Stück Eisen.

FRAU:

Vielleicht sollten wir das Fenster öffnen und um Hilfe schreien.

MANN:

Es wird uns niemand hören.

Der Mann blickt sich im Raum um, geht zum Fenster, wo die milchige Trübe voll eingesetzt hat, die Frau steht auch auf, sie stehen nebeneinander.

MANN:

Verstehst du das?

Er zeigt nach draußen

Das ist unheimlich!

Er versucht das Fenster zu öffnen, was nicht gelingt.

FRAU:

Lass mich mal!

Auch die Frau bemüht sich vergeblich. Sie schauen einander an.

FRAU:

Gestern habe ich die Fenster geputzt.

MANN:

Regen ist das nicht, auch kein Nebel.

Der Mann tritt vom Fenster weg und geht in Richtung Sessel, er sieht das Fernsehbild.

MANN:

Da!

FRAU:

Was?

MANN:

Das Bild.

Die Frau kommt zu ihm.

FRAU:

Das ist der Nachrichtensprecher.

MANN:

Aber er bewegt sich nicht mehr.

FRAU:

Vielleicht ist er an seinen Lügen erstickt.

MANN:

Sein Gesicht ist schief und erstarrt.

FRAU:

Wahrscheinlich senden sie einen Bericht über Malerei.

Munchs Schrei, das Bild kennst du doch in allen seinen Variationen.

Auch Munch hat nur ein Bild gemalt.

MANN:

Hörst du nicht?

FRAU:

Was?

MANN:

Kein Ton und kein Rauschen.

FRAU:

Der Ton ist abgeschaltet.

Er nimmt die Fernbedienung, drückt, man hört nichts.

MANN:

Da, kein Ton.

FRAU:

Vielleicht eine Störung.

MANN:

Arg viele Störungen heute, findest du nicht?

FRAU:

Vielleicht ist der Fernseher kaputt?

MANN:

> Wenn er kaputt wäre, hätten wir überhaupt kein Bild.

FRAU:

> Aber er funktioniert doch nicht, das siehst du doch.

MANN:

> Ich sehe überhaupt nichts mehr.
>
> Ich verstehe auch nichts mehr.

Er schaut sich im Raum um, kann aber sonst nichts Auffälliges entdecken. Er fasst sie an.

MANN:

> Bist du eigentlich noch da?

FRAU:

> Jetzt spinn mal nicht!

MANN:

> Das ist ein Traum.
>
> Ich schlafe.
>
> Anders kann ich mir das alles nicht erklären.

FRAU:

> Was für ein Traum?
>
> Wir sind aufgestanden, du warst im Bad, wir haben miteinander Kaffee getrunken.
>
> Wie jeden Morgen.

MANN:

> Das Licht da draußen, das ist doch kein wirkliches Licht.
>
> Der Hausmeister.
>
> Ich war im Fahrstuhl und bin damit gefahren.

FRAU:

> Vielleicht haben sie die Bombe gezündet.

Ich wundere mich sowieso, dass sie noch nicht
ausprobiert haben, ob sie noch so vorzüglich
funktioniert, wie damals in Hiroshima.

MANN:

Kein Mensch zündet die Bombe.

FRAU:

Warum brauchen wir dann die Bombe, wenn sie
keiner zündet?

MANN:

Stell nicht auch dies noch in Frage!

FRAU:

Das Opfer darf Fragen stellen.

MANN:

Keiner zündet die Bombe.

FRAU:

Warum wird sie dann weiterentwickelt?

MANN:

Nicht, damit sie gezündet werden kann.

FRAU:

Dann erkläre mir, was vorgeht.
Wenn ein Kind Frösche zerschneidet und
anschließend mit neugierigen Augen den Menschen
zu betrachten beginnt, klopft man ihm auf die Finger.
Erwachsenen achten die Grenzen nicht.
Erkläre mir das.
Ich verstehe es nämlich nicht.

*Sie sehen einander an, dann geht der Mann auf die Frau zu und
nimmt sie in seine Arme.*

MANN:

Da gibt es nichts zu erklären, es ist so.

FRAU:

Ich habe Angst.

Es ist etwas geschehen.

MANN:

Halt mich fest!

Er streicht ihr den Rücken.

FRAU:

Kannst du etwas tun?

MANN:

Was soll ich tun?

FRAU:

Wir können doch hier nicht warten, bis die Welt
untergegangen ist.

MANN:

Die Welt geht nicht unter.

FRAU:

Da bin ich mir nicht mehr so sicher.

MANN:

Der Mensch kann seinen Lebensraum zerstören.

Den seines Nachbarn.

Nicht aber die Welt.

Dieses gigantische Gebilde Kosmos reagiert auf sein
Tun nicht einmal mit einem Wimpernschlag.

FRAU:

Eine schroffe Geste bei uns lässt in China die Erde
erbeben.

MANN:

Und wo und wie wirkt dann das Beben zurück?

Er macht sich von ihr los und will sich noch einen Schnaps eingießen. Die Flasche ist leer. Er sieht das volle Glas der Frau und trinkt.

FRAU:

    Es sind Mahnungen, dass man sich die Folgen seines Handelns überlegen soll.
    Vielleicht haben wir die Grenze schon überschritten.

MANN:

    Das Gesetz der Natur ist Fressen und Gefressen werden.

FRAU:

    Deine Worte verstärken meine Angst.
    Sie setzt sich neben ihn, schaut zum Fenster.
    Irgendwer treibt ein schamloses und gefährliches Spiel mit uns.
    Vielleicht sind das neue Fernsehexperimente.

Der Mann schaut zum Fernseher.

MANN:

    Ich bin zwar nicht in alles eingeweiht, aber von so etwas habe ich nichts gehört.
    Außerdem sind wir nicht mit dem Netz verbunden.
    Gerade mal ein Telefon nennen wir unser eigen.
    Kein Breitbandkabel, keine Kamera.
    Physikalisch ist das nicht zu erklären.

FRAU:

    Aber es findet statt.
    Irgendetwas ist geschehen.

MANN:

    Es muss eine andere Erklärung geben.

FRAU:

>Woher willst du wissen, ob nicht einer von deinen
irren Kollegen durchdreht und sein Spiel mit uns
treibt?

MANN:

>Was denn?
Wie denn?

FRAU:

>Kann ich in die kranken Hirne sehen und mir
ausmalen, was sie sich ausdenken.

Sie steht auf, zunehmend unruhig, geht hier- und dorthin

FRAU:

>Bist du sicher, dass wir nicht aufgenommen werden?

*Der Mann antwortet nicht. Sie zeigt auf die Blumen, die Bilder
an der Wand.*

FRAU:

>Überall können Kameras installiert sein.
Sie sind so winzig, dass man sich nicht mehr erkennen
kann.
Sie wissen, was wir tun.
Sie belauern uns.
Verfügen über uns bis wir vernichtet sind.

*Der Mann verfolgt ihre Bewegungen, zuckt mit den Schultern.
Sie wartet auf eine Antwort, provoziert sie, indem sie die Bücher
aus dem Bücherregal nimmt, zunächst einzelnen, dann wischt sie
eine ganze Reihe zu Boden.*

FRAU:

> Sie haben hier irgendwo eine Kamera versteckt.
> Ich weiß es.

Nun endlich steht er auf und geht zu ihr hin, versucht sie festzuhalten.

MANN:

> Beruhige dich!
> Es gibt für alles eine Erklärung.
> Der Hausmeister...

FRAU:

> Was willst du mit dem Hausmeister?
> Der ist auf der Treppe verschollen oder was weiß ich.
> *Sie zeigt zum Fernseher.*
> Das Bild da.

MANN:

> Was ist mit dem Bild?

FRAU:

> Es bedeutet Tod, nicht wahr?

MANN:

> Selbst Munch hat das offengelassen.

FRAU:

> Aber nicht seine Nachahmer.
> Warum sollte jemand uns das jetzt sonst zeigen.
> Sie wollen uns einschüchtern.

MANN:

> Sie, wer ist sie?

FRAU:

> Irgendwer, was weiß ich, die, die für das verantwortlich sind.
> Oder glaubst du, das ist alles von selbst entstanden?

Denk doch mal nach, der Fahrstuhl, die Tür, das
Telefon, das Licht draußen.
Irgendeine Macht hat da ihre Hände im Spiel, auch
wenn du daran nicht glauben magst.

MANN:

Es gibt keine Macht, die solches veranstaltet.
Es sind Menschen, die anderen Menschen Unrecht
und Leid zufügen.

FRAU:

Hast du denn kein Gefühl, keinen Rest von Verstand?
Wir werden umgebracht und du willst mit mir über
die Identität der Urheber diskutieren.

Sie macht sich frei, ihr Blick irrt gehetzt durch den Raum.
Schließlich blickt sie und bewegt sich dann auf den Fernseher zu,
als wollte sie dorthin entkommen, der Mann folgt ihrer
Bewegung.

MANN:

Das ist kein Ausweg für uns.
Für andere mag er möglich sein.
Nicht für uns.

FRAU:

Ich will nicht sterben, nicht jetzt.

Der Mann fängt sie wieder ein, streicht sie, versucht sie zu küssen.

MANN:

Beruhige dich!
Ich bin bei dir, mein Herz...
Es gibt immer einen Weg.
Beruhige dich!

Nach einiger Zeit schüttelt sie das Weinen nur noch und sie
beruhigt sich langsam. Der Mann führt sie zum Sofa hin. Doch
als er sich von ihr wegsetzen will, klammert sie sich fester an ihn.

FRAU:

    Halt mich!

    Geh nicht weg!

MANN:

    Ich will nicht fort.

    Es ist unbequem.

Sie rutscht ein wenig, damit er besser sitzen kann, sie verbirgt ihr
Gesicht in seiner Schulter.

FRAU:

    Ist das Bild noch da?

MANN:

    Ja.

FRAU:

    Mach irgend etwas, damit es verschwindet!

    Es hat etwas zu bedeuten.

    Weißt du wirklich nichts?

    Du verschweigst mir etwas.

MANN:

    Ich bin ratlos wie du.

FRAU:

    Sie lassen es uns jetzt büßen, weil wir stets allem
    ausgewichen sind.

    Keiner darf abseits stehen.

    Jeder soll glücklich sein in dieser betörenden Welt.

Er antwortet nicht, hält sie nur fest.

FRAU:

Ich liebe dich!

MANN:

Ich weiß, mein Herz.

FRAU:

Halt mich fest, ganz fest!

MANN:

Vielleicht ist es nur irgendein Test.

FRAU:

So was darf man doch nicht mit Menschen machen!

MANN:

Seit wann fragt jemand, was man mit Menschen
machen darf?

FRAU:

Ich frage das.

MANN:

Du.

FRAU:

Aber ich bin doch ein lebendiges Wesen.

Jeder zählt auf dieser Welt, der Bettler, wie der
Edelmann.

MANN:

Das ist ein Kinderlied.

FRAU:

Ein Kinderlied?

MANN:

Erinnerst du dich nicht?

Er erhebt sich, singt und tanzt.

Siehst du, wie ich tanzen kann?

Kann tanzen wie ein Edelmann.

Unsere Töchter haben es im Kindergarten gesungen.

FRAU:

Das meine ich nicht.

MANN:

>*Er setzt sich wieder.*
>Ich war verliebt in die Unschuld, mit der sie es
>sangen.

FRAU:

>Ob unsere Kinder uns hier so finden?

*Sie schaut sich um, als sähe sie die Wohnung zum ersten Mal,
dann wirft sie sich auf ihn.*

FRAU:

>Ich will mit dir schlafen.

MANN:

>Jetzt?

FRAU:

>Ja jetzt.

*Sie schiebt ihm die Jacke von der Schulter und nestelt an seinen
Hemdenknöpfen.*

FRAU:

>Ihr Triumph soll nicht vollständig sein.

*Sie löst sich aus seiner Umarmung und zieht ihn über sich,
versucht ihm dabei Hemd und Hose abzustreifen. Er wehrt sich.*

MANN:

>Lass, du reißt mir den Knopf vom Hemd.

FRAU:

>Du brauchst keinen Knopf.
>Ich brauche dich.

MANN:

>Aber.

FRAU:

Verstehst du immer noch nicht?

MANN:

Elisabeth!

Sie drückt ihn auf das Sofa und lässt sich auf ihn fallen.

FRAU:

Ich habe Angst, ganz schreckliche Angst.

Sie liegt nun auf ihm, vom Weinen geschüttelt.

FRAU:

Empfindest du keine Furcht?

MANN:

Nein, ich weiß nicht, wenn ich ehrlich sein soll.
Vorhin war ich unruhig.
Jetzt ist eine Stille in mir, aber keine Furcht.

FRAU:

Stille?

MANN:

Ich höre dein Herz schlagen, deinen Atem.
Es ist, als ob ich dich wahrnehmen würde nach ganz
langer Zeit.

FRAU:

So lange leben wir schon miteinander?

MANN:

Eine halbe Ewigkeit.

FRAU:

Du hattest andere vor mir und auch seitdem ich bei
dir bin?

MANN:

Als ich von Berlin zurückkam und Frank hier saß,
da...

FRAU:

Solche Gedanken plagen dich jetzt?

MANN:

Sie verstellen mir die Erinnerung.

FRAU:

Er hat mir erzählt, dass er sich von Renate getrennt
hat.

Er hat geweint, deshalb sah er so aus.

Ich habe dir das wieder und wieder gesagt.

Wie soll ich dir vertrauen, wenn du es selber nicht
kannst?

MANN:

Es gab keine anderen.

FRAU:

Noch nicht einmal im Traum?

MANN:

Traum ist keine Wirklichkeit.

Die Wirklichkeit bin ich, wenn ich am Abend
heimkehre zu dir.

Mit meinen Träumen, meinem Kleinsein, meinen
Schuldgefühlen.

FRAU:

Du bist geblieben, weil du nicht fortgehen kannst.

MANN:

Ich bin hier.

Genügt dir das nicht?

Auch Fragen können maßlos sein, ebenso, wie die
Neugier der Wissenschaft.

Auch du bist nicht gegangen.

FRAU:

Vielleicht bin ich zu schwach, meine Träume zu
leben.

MANN:

Vielleicht sind wir unser Traum.

FRAU:

Ich wollte nicht fort.

MANN:

Ich...

*In diesem Augenblick läutet das Telefon. Zunächst hören es die
beiden nicht, nach nochmaligem Läuten:*

FRAU:

Es läutet.

MANN:

Ja.

FRAU:

Willst du nicht hingehen?

MANN:

Ich kann nicht, du liegst auf mir.

FRAU:

Man darf es nicht warten lassen.
Jemand will etwas von uns.
Vielleicht ist es der Hausmeister oder die Hübsche aus
deinem Büro, dein Nazi vielleicht.

MANN:

Vielleicht.

FRAU:

Dann musst du mit ihm sprechen, damit er nicht
ungehalten wird.

Sie will aufstehen, doch er hält sie fest.

MANN:

> Geh nicht!
> Bleib!
> Verschenke nicht den Augenblick!

Sie macht sich entschlossen frei und geht zum Telefon..

FRAU:

> Hallo?.....
> Christine? Bist du da?!....
> Töchterchen! Wie geht es dir denn?

Während sie spricht, verschwindet der Schrei vom Fernsehgerät,
der Sprecher wird sichtbar. Dann folgen Bilder von einem der
üblichen Kriege und auch der Ton ist wieder da, laut, schrill und
verlogen wie bei jeder Berichterstattung aus den Krisengebieten
der Welt.
Am Fenster ändert sich das Licht, Sonnenschein flutet den Raum.
Der Mann erhebt sich, ordnet seine Kleider.
Währenddessen läutet es an der Tür.

FRAU:

> Kannst du die Tür aufmachen Schatz?
> Und stell den Fernseher leiser!
> Ich kann Christine nicht recht verstehen.
> Sie sagt, dass beide uns am Sonntag besuchen
> kommen.
> Ist das nicht wunderbar?

Der Mann nimmt die Fernbedienung vom Tisch, stellt den Ton
leiser, dann geht er zur Tür.

Vorhang

Die Bücher von Erich Reißig:

Sperenzien Roman 6. März 2018 BOD
ISBN 9783744818834
Kindle Edition 5,99€ Taschenbuch 244 Seiten 8,99€
Ein Entwicklungsroman? Vielleicht. Der Roman erzählt von einem
Autor. Seinem Leben, seinen Stoffen. Den Siegen und Niederlagen.
Von den Querschlägen der Politik. Dem seltsamen Zustand der Welt.
Ein dunkles Buch? Wohl kaum. Der jähe Glanz des Lachens färbt graue
Tage bunt und verheißt einen neuen Morgen.

Vor den Stürmen Roman 12. September 2016 BOD
ISBN 9783741252235
Kindle Edition € 9.49 Taschenbuch 444 Seiten € 13,99
Der Roman erzählt vom Hineinfinden ins Leben. Von Flucht. Vom
sich Abfinden. Vom kleinen Glück. Biografie und Erlebnisse der
Protagonisten erlauben einen Blick auf den ersten und den zweiten
Weltkrieg, auf die betörenden Friedensjahre, bis nach dem großen
Umbruch auf dem europäischen Kontinent manche wieder und immer
heftiger mit den Fäusten den Takt zu trommeln beginnen.

Ein Spaziergang in Dichters Garten: Roman 28. September
2015 BOD ISBN 9783738619898
Kindle Edition € 5,49 Taschenbuch € 7,99
Der Roman „Ein Spaziergang in Dichters Garten" erzählt Geschichten
aus naher Vergangenheit. Ein Blick auf das Dasein im Malstrom der
Zeit. Ernst. Ironisch. Humorvoll zuweilen. Da wo Wirklichkeit und
Traum ineinander gleiten bilden sich Zonen der Fantasie. Vernünftig
und schön. Flüchtig wie Feen.

Die verschollene Ferne; Gedichtjournal 2000 - 2008
2.Mai 2014 BOD ISBN 9783735723956
Kindle Edition € 9,99 Taschenbuch 12,90
Eine Anzahl von Gedichten ist in den Jahren entstanden, Notizen,
Gedankensplitter, Aufzeichnungen von Reisen, von Landschaften, die
ich sah, von Menschen, denen ich begegnete. Eine Art Tagebuch ist
daraus geworden.

Dieses Gestöber aus Licht: Reigen 2006/2012
10. April 2014 BOD ISBN 9783735720207
Kindle Edition € 5,49 Taschenbuch € 6,90
Ein neues Jahrhundert. Jahrtausend sogar. Munter dreht sich alles im Reigen. Vier Personen sprechen über den Alltag, das Leben. Über die Liebe und Politik.

Unter den Plejaden; Roman 5. Feb 2013 BOD
ISBN 9783848230815 Kindle Edition € 4,99 Taschenbuch 9.90
Der Roman erzählt von einer Reise in ein fremdes Land. Eine Reise zu sich selbst, denn wo immer du auch hinfährst, du bleibst immer bei dir selbst

Der Dachschaden; Eine Erzählung in Briefen aus Bayerns einst großer Zeit 1. Dez 2010 BOD ISBN 9783848230815
Taschenbuch € 6,90
Ein Hagelschaden zerstört das Dach des Hauses in dem der Erzähler wohnt. In seinen Briefen versucht er dem Hausverwalter klar zu machen, dass nun etwas zu unternehmen sei. Das scheint nicht ganz einfach zu sein, denn der Hausverwalter hat andere Ziele als sein Mieter. Eine Alltagsgeschichte.

Autogeddon: Ein Spiel 29.März 2010 BOD
ISBN 9783839115091 Taschenbuch € 7,90
Ganz harmlos fängt es an: da gibt es eine Benzinaktion, einen Angriff auf Handymasten, ein illegales Autorennen und schließlich kommt es zur Bergrevolution. Und da gibt es noch den sibirischen Krieg und Kali und Nordwind, die zueinander finden und sich ein neues Zuhause suchen müssen.

Sandomir + Marienburg; 2 Theaterstücke 9.Dezember 2009
BOD ISBN 9783839138274
2. Auflage 2016 Broschiert € 13,90 Kindle Edition 6.99
Beide Stücke spielen im Polen der Vergangenheit
Sandomir hat die drei Varianten des Waltariliedes als Hintergrund, von denen eine in dem Weichselstädtchen spielt, wie bei Grillparzer

nachzulesen ist. Die Handlung wäre also im Mittelalter festzumachen. Doch nach Einstein und Wheeler gibt es sogenannte Wurmlöcher, Brüche der Raumzeit, so dass im Stück auch Ereignisse stattfinden und Personen auftreten, die früheren Epochen sowie dem Heute angehören. Dies erlaubt ein kenntnisreiches und heiteres Bild vom Zustand der Welt.

Marienburg führt in den Norden Polens zur gleichnamigen Burg an der Nogat. Auch hier prallen zwei Zeitepochen aufeinander. Während unten in den Hallen die Nationalsozialisten ihre Herrschaft behaupten wollen, streifen über ihnen verstört und aufgebracht Kreuzritter durch ihre Kammern und versuchen zu verstehen wie alles kam, das nun ist.

1993: Trilogie 30. 0ktober 2009 BOD
ISBN 9783837096392 Taschenbuch 276 Seiten € 19,90
Drei Theaterstücke gewähren einen Blick auf die neue Bundesrepublik um 1993.

Umbruch spielt in einem kleinen Dorf an der Saale, in das die neue Zeit höchst merkwürdig Einzug hält. Bauernschläue und geschmeidiger Umgang mit neuen Gegebenheiten lassen den Wandel gelingen.

Die Rückkehr nach Orlamünde Westdeutsche Alteigentümer haben ihren früheren Gutshof wieder in Besitz genommen. Das Haus ist renoviert und strahlt im neuen Glanz. Zur Einweihung versammeln sich die Familie und Freunde. Ein schönes Fest soll es werden. Es wird eine Abrechnung mit der eigenen Vergangenheit.

Die schweren Hufe der Wolken zeigt Geschehnisse in einer und um eine Vorstadtstraße in München. Es spielt in einer 1993 vorstellbaren Zukunft, in der die Festung Europa Wirklichkeit geworden ist. Die Meere sind über die Ufer getreten, haben die Landschaften verändert, ein mächtiger Grenzwall umgibt den Kontinent, gegen den Flüchtlinge und Piraten anrennen. Im Haus am Gebsattelberg wird eine Hochzeit vorbereitet. Ein freudvolles Ereignis in freudloser Zeit.